John Kenneth Galbraith

Die Herrschaft der Bankrotteure

Der wirtschaftliche
Niedergang Amerikas

Aus dem Amerikanischen
von Sabine Wiermann

Hoffmann und Campe

Die Deutsche Bibliothek – CIP-Einheitsaufnahme

Galbraith, John Kenneth:
Die Herrschaft der Bankrotteure : der wirtschaftliche Niedergang Amerikas / John Kenneth Galbraith. Aus dem Amerikan. von Sabine Wiermann – 1. Aufl. – Hamburg : Hoffmann und Campe, 1992
Einheitssacht.: The culture of contentment <dt.>
ISBN 3-455-08449-4

Die Originalausgabe erschien unter dem Titel »The culture of contentment« im Verlag Houghton Mifflin Co., Boston

Umschlaggestaltung: Lo Breier
Satz: Utesch Satztechnik GmbH, Hamburg
Druck und Bindung: Franz Spiegel Buch GmbH, Ulm
Printed in Germany

Einmal mehr
Kitty in Liebe gewidmet

Inhalt

Ein Wort des Dankes

Wie bei der Arbeit an all meinen Büchern, waren es auch bei diesem Freunde und Mitarbeiter, ohne die ich mein Ziel nie erreicht hätte. Ich denke dabei besonders an Kollegen und Freunde in Harvard und natürlich auch, wie man auf dieser Seite des Atlantik sagt, an die im anderen Cambridge. Aus monate-, ja manchmal jahrelangem Gedankenaustausch sind viele Ideen, die in diesem Buch verfolgt und ausgearbeitet werden, entstanden.

Um nun aber präziser zu werden: Mein Sohn, James Galbraith, Professor für Volkswirtschaft an der Universität von Texas, hat mir geholfen und sich insbesondere um fachliche Details gekümmert. Nun, Bears hat das Manuskript stets gutgelaunt getippt und immer wieder getippt und dies, angesichts meiner schlecht lesbaren Handschrift, mit einer geradezu überraschenden Präzision und Fehlerlosigkeit; denn, wie ich schon oft gesagt habe, dieser bestimmte Hauch von Spontaneität, den meine Kritiker an mir so bewundern, entsteht häufig erst in der fünften Fassung. Edith Tucker, eine langjährige Freundin, hat das Manuskript auf fachliche Fehler durchgesehen. Sue Carlson hat mir in den letzten Tagen vor der Pressekonferenz und der Veröffentlichung des Buches mit großem Geschick Telefongespräche und Besucher vom Halse gehalten.

Aber es gibt niemanden, dem ich, wie schon so oft zuvor,

soviel Dank schulde, wie meiner Herausgeberin und Partnerin, Andrea Williams. Ohne ihre unermüdlichen Bemühungen, mit denen sie, da bin ich sicher, manchem auf die Nerven gefallen ist, hätte es kein Buch gegeben. Ihr gilt mein aufrichtiger und tief empfundener Dank.

Und schließlich hat meine Frau, Cathrin Adwater Galbraith, mir in meinem Leben nicht nur den Freiraum geschaffen, Bücher zu schreiben, sondern mich darüber hinaus während langer Tage, Wochen und Monate unermüdlich unterstützt. Ihr widme ich – und das nicht zum erstenmal – dieses Buch.

John Kenneth Galbraith
Cambridge, Massachusetts

1

Die Kultur des Zufriedenseins

Oft sollte man die viel zitierten Lehren der Geschichte mit einer gewissen Skepsis behandeln. Das Wirtschaftsleben unterliegt einem permanenten Wandel. Verfahrensweisen führen dementsprechend über verschiedene Zeiträume zu unterschiedlichen Ergebnissen. Der Börsenkrach vom Oktober 1929 führte dazu, daß in den Vereinigten Staaten eine zerbrechliche Banken-, Investment- und Wirtschaftsstruktur erodierte und leitete die unbarmherzig lange und schmerzhafte Erfahrung mit der großen Depression ein. Im Jahr 1987 hatte ein ähnlicher und in seiner Wirkung kaum weniger traumatischer Zusammenbruch an den Börsen im Oktober, einem Monat, der unter Finanzaspekten besonders ungünstig ist, ökonomisch betrachtet, weniger zerstörerische Effekte. In den 58 Jahren zwischen diesen beiden Katastrophen wurde nämlich ein ganzes Bündel von Steuerungsmaßnahmen in der amerikanischen Wirtschaftspolitik entwickelt – die Versicherung von Banken und besonders die von Spar- und anderen Guthaben, Sozialleistungen, Arbeitslosengeld, Altersversorgung, Subventionierung landwirtschaftlicher Einkommen – es handelt sich also ausschließlich um öffentliche Beiträge und solche Leistungen, die es gar nicht mehr zulassen würden, daß ein wirklich großes Unternehmen, eine wirklich große Bank oder ein Industriekonzern pleite gehen. Dieses umfängliche Instrumentarium hat zur wirtschaftlichen und sozialen Abfederung solch dramatischer Ereignisse beigetragen.

Dennoch gibt es auch Lektionen der Geschichte, deren Erkenntniswert weiterhin Bestand hat. Eine davon ist, daß einzelne Personen – aber auch Gruppen – die im Hinblick auf ihre wirtschaftliche, soziale und politische Lage begünstigt sind, sämtliche sozialen Werte und jegliche politische Kontinuität dem System zuordnen, von dem sie selbst am meisten profitieren. Diese Zuordnung erfolgt auch dann, wenn es schlagende Beweise dafür gibt, daß das Gegenteil richtig ist. Es ist allein der Glaube der Begünstigten, der dieses anhaltende, aber an kurzfristigen Zielen ausgerichtete Zufriedensein hervorruft und dafür sorgt, daß sich die ökonomischen und politischen Vorstellungen der Zeit dem anpassen. Es gibt einen sehr aufnahmebereiten politischen Markt für das, was uns zufriedenstellt und absichert. Und es wird immer soziale Gruppen geben, die diesen Markt bedienen und seine Früchte in Form von Geld oder öffentlichem Applaus ernten.

Ähnliches hat sich in Rom nach dem Tod des Kaisers Trajan (Regierungsantritt 98 n. Chr.) abgespielt: Das römische Weltreich verlor an Macht. Die Römer selbst aber ignorierten ihre Schwäche und lebten weiterhin so, als seien sie unangefochten die Herren der Welt. Vergleichbares geschah auch am Vorabend der Französischen Revolution. Weder Ludwig XV., noch Ludwig XVI., und Marie Antoinette und die sie unterstützenden Stände hegten die geringste Kritik am etablierten System. Trotz aller Anzeichen einer Krise war ihr Selbstwertgefühl einfach zu groß. Die kraftvollen ökonomischen Ideen der Physiokraten führten zu einer Stärkung der Prinzipien, nach denen die so Begünstigten belohnt wurden. Die soziopolitischen Grundgedanken stützten ein Weltbild, demzufolge der gesamte Wohlstand abzüglich geringfügiger Abschläge für Fertigung und Handel ausschließlich den Eigentümern von Grund und Boden zustand, den Aristokraten also, die am Hofe lebten und dem König dienten. Selbstverständlich könnte man solche Beispielketten endlos fortsetzen. Die großen Unternehmer und ihre Helfer, die im 19. Jahrhundert und bis in die ersten Jahrzehnte des 20. Jahrhunderts hinein die Politik und das Wirtschaftsleben in England, Deutschland, Frankreich und Amerika bestimmten, hatten an der Berechtigung ihrer wirtschaftlichen und sozialen Stellung nie auch nur im geringsten gezweifelt und wurden darin von den Klassikern unter den Ökonomen auch noch bestätigt. Wie sollte auch bei all den als selbstverständlich hingenommenen Privilegien ein Schuldgefühl aufkommen gegenüber einer Arbeiterklasse, die sich nach Ansicht von Ricardo und Malthus unbelehrbar und unaufhaltsam fortpflanzte, bis sie ein Subsistenzniveau erreicht hatte. Und weshalb sollte man sich schuldig fühlen, wenn man selbst Teil eines Marktsystems war, das jede Anstrengung mit besonderen wirtschaftlichen Erfolgen und größeren gesellschaftlichen Verdiensten belohnte?

In den ersten Jahrzehnten dieses Jahrhunderts konnte dann auch der schlimmste Ignorant die aus dieser Verhaltensweise entstandene gesellschaftliche Erosion nicht mehr übersehen. Sie hatte überall zu unerträglichen wirtschaftlichen Härten und zu Mißbrauch des Systems geführt. In England tat Kanzler Lloyd George die ersten Schritte, um die Situation mit Hilfe einer entsprechenden Besteuerung zu entschärfen und den sozial Schwachen beispielsweise medizinische Versorgung zu gewährleisten. Insbesondere Arbeitslose sollten mit entsprechenden Kompensationszahlungen unterstützt werden, was zu heftigem Widerstand der Zufriedenen und Wohlhabenden führte und zwischen 1910 und 1922 eine Verfassungkrise, zwei verlorene Wahlen und die vielleicht größte parlamentarische Erschütterung seit Oliver Cromwell zur Folge hatte. Heute ist man sich weitgehend darin einig, daß es die damals von den Privilegierten so rigide bekämpften Maßnahmen waren, die dafür gesorgt haben, daß der britische Kapitalismus vor allem in den schweren Jahren nach dem Ersten Weltkrieg überhaupt überleben konnte.

Ähnliche Verhältnisse waren wenig später in den Vereinigten Staaten zu beobachten, wo es, bedingt durch die große Depression des Jahres 1932, landesweit zu Massenarbeitslosigkeit kam, ohne daß es eine Arbeitslosenversicherung gegeben hätte. Wie epidemisch entstand ein großes Farmensterben. Alte Menschen lebten unterhalb des Existenzminimums. Der Widerstand der Gewerkschaften und die Mißachtung des Verbots von Frauen- und Kinderarbeit seitens der Fabrikbesitzer ließen ebenso grundlegende wie berechtigte Zweifel daran aufkommen, ob das amerikanische Wirtschaftssystem existenzfähig war. Das gesamte Land glich einem Dampfdruckkessel. Auch hier waren die auf der Sonnenseite weit davon entfernt, sich in irgendeiner Weise Sorgen zu machen oder wirtschaftliche Maßnahmen zu akzeptieren, die die Katastrophe hätten aufhalten können. Ihr Einfluß war so stark, daß Franklin D. Roosevelt seine erste Wahl nur mittels einer Art politischen Täuschungsmanövers gewann. Während er nämlich einerseits Wirtschaftsreformen und einen allgemeinen sozialen Wandel versprach, tröstete er andererseits all die Zufriedenen damit, für einen ausgewogenen Haushalt und eine Kürzung der öffentlichen Ausgaben zu sorgen. Im Klartext versprach er damit eigentlich beiden Seiten nur, daß sich nichts ändern würde. George Bush ist also keineswegs der erste Präsidentschaftskandidat, dessen Worte man mit Vorsicht genießen sollte.

Die spätere Reaktion der Wohlhabenden und Zufriedenen auf Roosevelts Reformen – den New Deal – gehört inzwischen zum historischen Allgemeinwissen. Die zahlreichen Gutsituierten in der Gesellschaft prangerten anfänglich die verfassungbedingten Hürden an, die einer notwendigerweise stärkeren föderalen Intervention in den Wirtschaftsablauf im Wege standen. Die längste Zeit der ersten beiden Rooseveltschen Amtsperioden fanden die Zustimmung der sozial Abgesicherten und Zufriedenen, die selbstverständlich auch die Rechtsprechung auf ihrer Seite hatten.

Dennoch stieß diese Politik auch auf eine starke Opposition. Und zwar von ökonomischer Seite. Wirtschaftswissenschaftler wie der weltweit renommierte Josef Alois Schumpeter von der Harvard University und Lionel Robins von der London School of Economics etwa gehörten dazu. Beide waren sich darin einig, daß die wirtschaftliche Balance nicht mittels staatlicher Eingriffe wiederhergestellt werden konnte oder sollte. Die Depression mit all ihren dramatischen Folgen war notwendig, um gewissermaßen das Gift aus dem ökonomischen System zu schwemmen. »Unsere Analysen und Untersuchungen«, sagt Schumpeter, und er sprach damit im Namen aller, »führen uns allesamt zu der Überzeugung, daß die wirtschaftliche Erholung nur dann von Dauer ist, wenn sie aus sich selbst heraus entsteht.«[1]

Edwin W. Kämmerer (Princeton University), ein geradezu gerühmter Monetarist seiner Zeit, scharte im Economics National Commitee on Monetary Policy Gleichgesinnte im Glauben und Mitstreiter um sich, um der Politik der Regierung Widerstand entgegenzusetzen, die, und das ist gar nicht einmal unplausibel, die Deflation dadurch bekämpfen wollte, daß die festen Umtauschrelationen von Dollar zum Gold aufgehoben werden sollten.

Selbstverständlich gab es auch Ökonomen, die für die Politik der Regierung eintraten: Rexford Guy Tugwell, Luchlin Currie, Harry Dexter White, Leon Henderson, Adolf Behrle (ein Rechtsanwalt ohne Studium, ein Autodidakt also), Gardener C. Means und andere. Aber in den Augen der Historiker galten sie eher als mal mutige, mal exzentrische Außenseiter, die die etablierte wissenschaftliche Meinung nicht anerkennen wollten.

Da genoß die Opposition, die gar nicht erst versuchte,

[1] »Depressions«, in: The Economic of Recovery Program (New York: Whittlesey House, McGraw-Hill, 1934) S. 20.
Eine ähnliche Betrachtung steht bei Lionel Robins in »The Great Depression« (London: Macmillan, 1934).

die an kurzfristigen Zielen ausgerichtete Ignoranz der Zufriedenen zu verschleiern, schon weitmehr gesellschaftliche Reputation. Der amerikanische Banker J. P. Morgan sagte als Sachverständiger vor einem Komitee des Senats »Wenn Sie die wohlhabenden Schichten zerstören, zerstören Sie die Zivilisation.« Als er später von Reportern aufgefordert wurde, die wohlhabenden Schichten zu definieren, sagte er »nun, dazu gehören all jene, die es sich leisten können, ein Dienstmädchen zu beschäftigen.«[2]

Morgan bereitete die »Bedrohung« aus Washington nicht gerade Kopfschmerzen, aber dennoch kursiert über seine Meinung folgender Spruch: »Die Familie von J. P. Morgan beliebte alle Besucher davor zu warnen, den Namen Roosevelt auch nur zu erwähnen, weil dies seinen Blutdruck sofort in gefährliche Höhe treibt.«[3]

Heute wird allgemein anerkannt, daß die Reformen unter Roosevelt das traditionelle, kapitalistische Wirtschaftssystem in den Vereinigten Staaten und damit das Wohlergehen all jener, die vom Kapitalismus am meisten profitierten, gerettet hat. Es war der Roosevelt-Regierung gelungen, die aufgestaute Wut und die soziale Entfremdung mit ihrer Politik wenigstens soweit zu besänftigen, daß Wirtschaft und Gesellschaft sich stabilisieren konnten. Hätten sich die Wohlhabenden und Privilegierten durchgesetzt, wäre dies kaum möglich gewesen. Vor

[2] Zitiert nach Arthur M. Schlesinger jr., Band 2 von »The Coming of the New Deal; The Age of Roosevelt« (Boston: Houghton Mifflin, 1958), Seite 479.

[3] Schlesinger, Seite 567.

der Wahl 1932 wurde ein regelrechter Propagandakrieg um die öffentliche Verantwortung für den Energie- und Geldsektor ausgetragen, der leicht zu einer Niederlage Roosevelts hätte führen können.

Eine Tatsache nämlich steht völlig außer Zweifel: Die vom Schicksal Begünstigten und Privilegierten denken nie in langfristigen Zusammenhängen. Sie reagieren vielmehr – und da mit Vehemenz – auf Veränderungen, die ihre akute Situation tangieren. So üben sie eine Kontrolle aus, die übrigens nicht nur kennzeichnend für die kapitalistische Welt ist. Es handelt sich offenbar um einen tiefsitzenden menschlichen Instinkt.

Sowohl in der Sowjetunion als auch in geringerem Maße in jenen Ländern, die nach dem Zweiten Weltkrieg unter kommunistische Herrschaft geraten waren, gab es durchaus eine Zeit, in der die Bevölkerung den Sozialismus, also gesellschaftliches Eigentum an allen Produktionsmitteln, keineswegs abgelehnt hat. Mit diesem Gegensatz zu den unfähigen Repräsentanten des Feudalismus in Rußland, den Horties in Ungarn, den Pilsudskis in Polen und anderen reaktionären Herrschern, die von der Revolution entmachtet wurden, konnte man sich identifizieren. Das Planungs- und Kommandosystem des Sozialismus funktionierte sehr gut beim Aufbau des Transportwesens und der Stahl- und Grundindustrien. Es funktionierte beim Aufbau der Elektrizitätsversorgungssysteme und der mächtigen Rüstungsindustrie, mit deren Hilfe Adolf Hitlers Wehrmacht besiegt wurde. Und es funktionierte später in der Raumfahrt und bei anderen Technologien so gut, daß sich sogar die Vereinigten Staaten herausgefordert fühlten.

Auf dem Agrarsektor hat das System dagegen versagt, und zwar in den Ländern, in denen der Sozialismus auf die industrielle Verarbeitung und auf die Vermarktung von Agrarprodukten ausgedehnt wurde. Die Landwirtschaft funktioniert gut unter einer weitgehend akzeptierten und häufig ausgeübten Form von Ausbeutung, nämlich der des Bauern, seiner Familie und seiner Hilfskräfte. Das System konnte darüber hinaus die stets schwankende Nachfrage nach Gütern und Diensten nicht befriedigen, die nun einmal Kennzeichen einer modernen Konsumgüterwirtschaft sind. Hier hat sich der Sozialismus in Planung und Verwaltung nicht einmal als entfernt flexibel genug erwiesen. Man mag sich darüber wundern, welche Attraktion nutzlose und verzichtbare Konsumgüter ausüben. Aber sie tragen dazu bei, das eigene Angebot ständig zu überprüfen.

Es gibt noch einen weiteren und gravierenden Grund für das Scheitern des Sozialismus: Niemand wollte wahrhaben, daß selbst bescheidenste ökonomische Fortschritte nur mit vielfältig ausgebildeten, motivierten und selbständig denkenden Menschen möglich sind, die zwangsläufig Einfluß auf die Regierunginstitutionen nehmen. Dies gilt ohne Ausnahme für alle Industrieländer.

Ein Bauer, der abseits der Ballungszentren von morgens bis abends für sein Existenzminimum schuftet, ist leichter zu kontrollieren und politisch zu entrechten. Zumal wenn man sich dabei noch auf die Unterstützung der Großgrundbesitzer verlassen kann. Wissenschaftler, Journalisten, Professoren, Künstler, Schriftsteller und Studenten – insbesondere die Studenten –, die durchaus die Geschicke der modernen Industriegesellschaft mitlenken möchten, kann man jedoch nicht auf diese Weise manipulieren. Meinungsfreiheit, die Freiheit des Wortes und die Teilhabe an der Regierung werden inzwischen beinahe überall als politische Grundwerte akzeptiert. Dabei wird viel zu wenig beachtet, daß sie von einem gewissen Punkt der Wirtschaftsentwicklung an gesellschaftlich notwendig und politisch unausweichlich sind.

Das hat sich in Polen, in der Tschechoslowakei, in Ungarn, in Bulgarien und in der DDR gezeigt, bevor im Herbst und Winter 1989/90 alles zusammenbrach. Und genau das hat sich auch in der Sowjetunion gezeigt, wenn auch weniger dramatisch und über einen längeren Zeitraum hinweg. In allen genannten Ländern wurde die starre kommunistische Nomenklatura von den Ereignissen total überrascht, wenngleich ihr die Unzufriedenheit der Massen kaum verborgen geblieben sein kann.

Immerhin gab es eine Geheimpolizei, die fast ausschließlich damit beschäftigt war, den Unzufriedenen nachzuspüren. »Freiheit« war in dem Maße möglich, in dem sich die Polizei als inkompetent erwies. In einigen dieser Länder – DDR, Tschechoslowakei, Ungarn – berichtete das Fernsehen über Lebensstandard und -qualität (und Oberflächlichkeiten) der Konsumgesellschaften im benachbarten Österreich und in Westdeutschland. Nichts lag so nahe wie die Frage, warum den Menschen dies zu Hause alles vorenthalten wurde.

Die etablierten Führungscliquen und die, die sich in eine enge Zweckgemeinschaft mit ihnen begeben hatten, bewegten sich aber nach wie vor in den bequemen konventionellen Denkmodellen. Sie wurden nun in ihrer privilegierten Position durch die vermeintlich unüberwindbare Macht der sozialistischen Prinzipien geschützt, an denen festzuhalten das politische Überleben garantierte. Sie waren in dem großen und unveränderlichen Strom der Geschichte ein für alle mal und für alle Zeiten mit Marx und Lenin verbunden. Und ganz allgemein waren sie davon überzeugt, das Heil der Welt bestände darin, die letzte Stufe zu erreichen, den gelobten totalen Kommunismus: die Diktatur des Proletariats oder, wie sie es auch nannten, die Demokratie der Massen. Die Machthaber glaubten, dieses Heil werde allseits akzeptiert. Mit diesem Weltbild konnten die Begünstigten und Privilegierten sich komfortabel einrichten. Es existierte bis zu dem Tag, an dem die Massen durch die Straßen fluteten und damit nicht nur zur Überraschung ihrer alten Führer deutlich machten, daß sich, wenn die Zahl der Menschen nur groß genug ist, bewaffnete Interventionen von selbst verbieten.

Wohl nur über wenige Punkte herrscht so allgemein Einigkeit wie darüber, daß explosive Ereignisse wie in der Sowjetunion und im übrigen Osteuropa, in den Vereinigten Staaten oder Großbritannien nicht möglich wären. Der Kommunismus hatte versagt, der Kapitalismus hatte triumphiert. Die Machteliten im Westen hielten jeden für einen verqueren Pessimisten, der auch in dem erfolgreichen System und versteckt in einem flexiblen demokratischen Rahmen gefährliche Risse erkannte.

Wirklich neu in den sogenannten kapitalistischen Ländern – und dies ist der entscheidende Punkt – ist das Phänomen, daß die Zufriedenheit und die sich daraus ergebende Überzeugung heute die Haltung der Mehrheit und nicht die einer Minderheit widerspiegelt. Diese

Mehrheit sucht ihren Vorteil unter dem Schutz der Demokratie, auch wenn diese Demokratie einen großen Teil der Bürger ausgrenzt. Sie ist für jene da, die eigentlich nur deshalb zu den Wahlurnen gehen, weil sie ihre gesellschaftlichen und wirtschaftlichen Pfründe verteidigen wollen. Auf diese Weise wird eine Regierung gewählt, die sich nicht an der Realität orientiert und an den gesellschaftlichen Bedürfnissen, sondern an dem Weltbild der Zufriedenen, die jetzt eben die Mehrheit der Wähler stellen. Ein Konsensus, der so alt ist wie die Demokratie selbst.

Einige Worte muß ich noch zu der Stimmungslage sagen, aus der ein Buch wie dieses geschrieben wird. Man muß dem Vorsatz folgen, die Verhältnisse zu analysieren und nicht sie zu beschwören.

Wer ein Buch wie dieses schreiben will, muß sich in gewisser Weise die Methoden der Anthropologen zu eigen machen und die der Ökonomen oder Politologen vernachlässigen. Wer die Stammesriten anderer und uns eher fremder Menschen, die, sagen wir einmal, auf einer Insel in Polynesien leben, erforschen will, begegnet habituellen Praktiken und Psychomonien, die seinem eigenen Verständnis gegen den Strich gehen und seiner gesamten Sozialisation total zuwiderlaufen. Sie müssen dennoch beobachtet und analysiert, aber nicht bewertet oder zensiert werden.

Ähnliches gilt auch für die politische Ökonomie der Zufriedenen, mit der ich mich hier beschäftige. Sie verkörpert eine Kultur, die von ganz besonderer Bedeutung und von besonderem Interesse ist. Daher rührt auch mein Bedürfnis, sie zu studieren und zu verstehen. Aber so wenig wie man von ihr wirklich ernsthaft Reformen erwarten kann, ist sie ein geeignetes Objekt für persönliche Entrüstung. So wenig wie der Anthropologe die ungewöhnlichen Sexualpraktiken, die Rituale massiver Selbstverstümmelung und gelegentlicher Menschenopfer in einer ihm fremden Kultur kritisieren oder gar ändern kann, so wenig darf der Verfasser eines Buches, das die Kultur der Vereinigten Staaten analysiert, erwarten, die Verhältnisse nachhaltig zu beeinflussen.

Dies gilt ganz besonders für mich. Ich habe nahezu mein gesamtes Leben in einer Welt verbracht, die von Selbstgerechtigkeit und Zufriedenheit bestimmt ist. Was den Lohn angeht, den diese Gesellschaft parat hat, kann gerade ich mich nicht beklagen. Selbstverständlich beeinflußt sie mein Urteilsvermögen. Aber sie stimmt mich auch skeptisch gegenüber von oben verordneten Reformen. Es liegt in der Natur der Sache, daß die Zufriedenen Widerstand leisten, wenn sie mit Vehemenz angegriffen und in ihrer Existenz bedroht werden.

Wenn ich das »Ethos des Zufriedenseins« und den Widerstand seiner Vertreter gegen jegliche Veränderung und Reform nicht kennte, könnte ich auch ein solches Buch nicht schreiben.

2

Der soziale Charakter des Selbstzufriedenseins

Ein Überblick

In den vergangenen Jahren wurde in den Vereinigten Staaten in zahlreichen schriftlichen Aufsätzen und politischen Kommentaren auf die erschreckend große Zahl der Armen eingegangen. 1989 lebten in den USA 12,8 Prozent der Bevölkerung, Junge und Alte, unter der Armutsgrenze von 12 674 Dollar Jahreseinkommen, bezogen auf den Bedarf einer vierköpfigen Familie. Die meisten dieser Armen sind Angehörige der Minderheitengruppen des Landes. In unserem Land existieren große Sozial-, Drogen-, Wohnungs- und Gesundheitsprobleme, die daherrühren, daß diese vom Schicksal benachteiligten Menschen in ghettoartigen Ballungszentren der Großstädte zusammengepfercht sind. Weniger fällt die Konzentration der Armen in den Bergbau-, Kleinindustrie- und Landwirtschaftsgebieten auf, die erheblich an wirtschaftlicher Bedeutung verloren haben. Hier ist es insbesondere das Plateau der Apalachen, das einst stark bevölkerte Hügelland, das sich hinter der Ostküste entlang erstreckt, und von besonderer Armut heimgesucht wurde.

Die weitaus größere Zahl der Amerikaner aber lebt selbstverständlich oberhalb des Existenzminimums, ein ansehnlicher Prozentsatz davon in Wohlstand. Während 1988 das wirklich reichste »eine Prozent« der Bevölkerung über ein Familieneinkommen von durchschnittlich 617 000 Dollar verfügte und damit 13,5 Prozent des gesamten Volkseinkommens vor Steuern auf sich vereinigte, lebten 20 Prozent mit einem Einkommen von 50 000 Dollar und mehr pro Jahr – und damit unter Bedingungen, die man schon mit einem gewissen Wohlstand gleichsetzen kann. Sie vereinigten auf sich 51,8 Prozent des gesamten Einkommens vor Steuern.[4]

Dieses Einkommen von 50 000 Dollar pro Jahr, zumindest jedoch ein großer Teil davon, wird wiederum durch eine Zahl von öffentlichen und privaten Zusatzleistungen abgesichert, etwa durch private Pensionsfonds, die Sozialversicherung, die öffentlich oder privat geförderte und unterstützte Gesundheitsfür- und -vorsorge, die Subventionen von Agrareinkommen und die kostenintensiven Garantieleistungen für Verluste, die aus dem Zusammenbruch von Finanzinstitutionen, Banken und den neuerdings so hochgelobten Spar- und Kreditvereinen resultieren.

Die bedeutende Rolle, die die Regierung bei der Subventionierung der Wohlhabenden spielt, verdient nun in

[4] Tatsächlich werden diese Zahlen durch die Steuern nur sehr wenig verringert. Der Anteil der obersten Einprozent nach Steuern betrug 12,8 Prozent, der Anteil jener mit dem Einkommen von 50 000 Dollar betrug 49,8 Prozent. Vergleiche: Greenbook of the Committee on Ways and Means of the United States, House of Representatives, Seite 1308 und 1309.

der Tat weit mehr als nur ein paar flüchtige Anmerkungen. Soweit es dagegen die wirklich Armen angeht, gelten die staatlichen Unterstützungs- und Subventionsleistungen als suspekt. Dies gilt sowohl im Hinblick auf die sozialen Notwendigkeiten als auch auf die Effizienz der Verwaltung. Ganz zu schweigen davon, wie Motivation und Arbeitsmoral davon in Mitleidenschaft gezogen werden. Die staatliche Abfederung der vergleichsweise Wohlhabenden ist dagegen gänzlich anders zu bewerten. Wer Social-Security-Pensionen bezieht, gehört so wenig zu den Geschädigten wie jene, die gegen die Folgen des Bankenzusammenbruchs abgesichert waren. Unter moralischen Krisen haben die Wohlhabenden nicht zu leiden, wohl aber die Armen.

Früher stellten die wirtschaftlich und sozial Privilegierten nur eine kleine Minderheit – eine dominierende Handvoll Menschen an den Schalthebeln der Macht. Heute bilden sie die politisch relevante Mehrheit, wenn auch nicht auf die Gesamtzahl der Bevölkerung bezogen, aber eben auf die Gesamtzahl jener, die überhaupt noch zur Wahl gehen und damit Einfluß auf das politische Geschehen nehmen. Es ist daher nötig, sich mit dieser Gruppe, die an der Wahlurne ihre Saturiertheit verteidigt, näher zu beschäftigen. Wir werden sie die zufriedene Mehrheit, die zufriedene Wählermehrheit, nennen und ihr Selbstverständnis die Kultur des Zufriedenseins. Diese Gruppe herrscht unter dem Deckmantel der Demokratie, einer Demokratie, an der vom Schicksal Benachteiligte nicht teilhaben. Auch ist damit nicht gemeint – dies ist ein sehr wichtiger Punkt – daß sie sich in ihrer Zufriedenheit etwa ruhig verhielten. Sie verfügen – beispielsweise als dieses Buch in Druck ging – über ein hohes Aggressionspotential, wenn ihre Selbstzufriedenheit bedroht ist.

Wenn auch über das Einkommen weitestgehend definiert wird, wer zur zufriedenen Mehrheit gehört, so sollte doch niemand glauben, daß es sich hier unter sozialen und Beschäftigungsaspekten um eine homogene Gruppe handelt. Zu ihr gehören vielmehr Leute, die die mittleren und höheren Ränge der großen Finanz- und Industriefirmen bevölkern, unabhängige Geschäftsleute und kleinere Angestellte, deren Verdienst mehr oder weniger garantiert ist. Auch der akademische Mittelstand – Rechtsanwälte, Ärzte, Ingenieure, Wissenschaftler und, nicht zu vergessen, Journalisten und Professoren – gehört dazu. Dazu zu rechnen ist auch eine gewisse, wenn auch rückläufige Zahl von Leuten, die man früher Proletarier genannt hat – also Leute mit unterschiedlichsten Kenntnissen und Fähigkeiten, deren Löhne und Gehälter heute in aller Regel durch das Einkommen ihrer berufstätigen Frauen ergänzt und verbessert werden. Sie und andere Famlien mit Mehrfacheinkommen halten ihr Leben für einigermaßen abgesichert und angenehm.

Inzwischen gehören auch die Farmer wieder zur Gruppe der Zufriedenen, was vor noch gar nicht langer Zeit einmal ganz anders war. Sie werden heute durch staatliche Subventionen kräftig gestützt und großzügig entgolten.[5]

[5] »Das Durchschnittseinkommen eines Landwirtschaftshaushalts betrug 1988 33 535 US-Dollar. Im Vergleich dazu betrug das Durchschnittseinkommen der US-Haushalte 34 017 US-Dollar. Jedoch verfügten 5 Pro-

Schließlich gibt es die rasch wachsende Zahl der Alten, die von ihren Pensionen oder einer anderen Altersversorgung leben und für deren Lebensabend es bei Bedarf großzügige finanzielle Zuwendungen gibt.

Alle Mitglieder der hier genannten Gruppen haben individuelle Interessen, und es wäre falsch zu glauben, daß sie einer einheitlichen politischen Auffassung anhingen. Auch wenn es jemandem gutgeht, möchte er oft, es möge ihm noch besser gehen. Auch wer genug hat, will eben noch mehr haben. Wer im Wohlstand lebt, erhebt oft massiven Einspruch gegen alles, was diesen Wohlstand gefährden könnte. Wichtig zu bemerken ist, daß dabei niemand in Bezug auf seine eigene gegenwärtige Lage von irgendeinem Selbstzweifel geplagt wird. Ihre eigene Zukunft bestimmt die zufriedene Mehrheit weitestgehend selbst. Und sie reagiert wütend und empört – und dies wird dann auch in der Öffentlichkeit deutlich – wenn es eine akute oder auch nur mögliche Bedrohung ihres gegenwärtigen Wohlstands und ihrer Zukunftsperspektiven gibt. Wann immer der Staat die Kaufkraft und Bedürfnisbefriedigung der Wohlhabenden einzuengen droht, gibt es lauten Protest. Insbesondere dann, wenn von Steuererhöhungen die Rede ist.

Es existiert allerdings eine gar nicht einmal so kleine Minderheit, die über den Grad des eigenen Zufrieden-

zent der landwirtschaftlichen Haushalte über ein Einkommen von über 100 000 US-Dollar, was somit nur von 3,2 Prozent der übrigen Haushalte in den Vereinigten Staaten erreicht wurde.« Agricultural Income and Finance: Situation and Outlook Report (Washington, D.C.: U.S. Department of Agriculture, Economic Research Service, Mai 1990) Seite 26.

seins hinaus auch noch an jene denkt, die an dem vergleichsweise hohen Wohlstand der anderen nicht teilhaben. Diese Minorität sieht die auf uns zukommenden Gefahren, die sich daraus ergeben, daß die Mehrheit sich kurzfristig nur mit dem persönlichen Wohlergehen beschäftigt. Idealismus und soziales Mitdenken sind noch nicht tot; im Gegenteil, sie sind die achtbarste Form der gesellschaftlichen Auseinandersetzung. Während der Eigennutz, wie wir noch sehen werden, sich oft formal als soziales Engagement tarnt, beruht viel von dem echten sozialen Engagement in unserem Land auf einem ursprünglichen und selbstlosen Mitgefühl.

Dennoch ist Eigennutz die vorherrschende Denkweise der zufriedenen Mehrheit. Dies wird im vollen Umfang deutlich, wenn der Staat zugunsten der weniger Privilegierten eingreift. Sollten diese Maßnahmen wirklich greifen, gehen sie immer zu Lasten der öffentlichen Hände. Infolgedessen werden derartige Aktionen regelmäßig bekämpft, und zwar weil es hier um angeblich existentielle, wenn auch manchmal auf recht durchsichtige Weise erst konstruierte Grundsatzfragen geht. Aber davon später mehr. In der jüngsten Vergangenheit ist, wenn man die Leistungen der Regierung im Bereich der Innen- und Außenpolitik betrachtet, in den Vereinigten Staaten vieles schiefgelaufen. Dafür wurde dann allenthalben die Inkompetenz oder mangelnde Leistungsfähigkeit einzelner Politiker als Ursache genannt.

Präsident Reagan und sein inzwischen überall mit Erleichterung hingenommener Rückzug aus dem politischen Geschäft und Präsident Bush mit seiner Vorliebe für Reisen und seiner Neigung, Sonntagsreden zu halten, von denen er offenbar glaubt, sie seien das wichtigste Instrument der Innenpolitik, sind in diesem Zusammenhang schon oft zitiert worden. Aber auch führende und »einfache« Mitglieder des Kongresses wurden kritisiert. Gouverneure und andere Politiker im ganzen Land haben, wenn auch weniger harsche, Kritik einstecken müssen. Ein großer Teil dieser Kritik ging aber am Kern des Problems vorbei oder diente nur politischen Zielen. Die Regierung der Vereinigten Staaten stellte in der jüngsten Vergangenheit nichts weiter als das eindeutige Spiegelbild der wirtschaftlichen und sozialen Präferenzen der zufriedenen Wählermehrheit dar. Man muß also den Präsidenten Reagan und Bush ausdrücklich zugestehen, daß sie vertrauenswürdige Repräsentanten dieser Mehrheit waren, respektive sind. Nur wenige neigen dazu, Politikern etwas zuzuschreiben, das wir in Wahrheit der Gesellschaft zuschreiben sollten, der sie dienen.

Eine der häufigsten (und beliebigsten) Behauptungen der zufriedenen Mehrheit ist die, daß ihre Angehörigen nur das erhielten, was ihnen auch wirklich zustände. Was jeder einzelne einstreicht, ist danach nur das Ergebnis seiner Intelligenz, Leistung, einwandfreien Moral und seines persönlichen Einsatzes. Folgerichtig gibt es dann auch kein Argument, mit dem es zu rechtfertigen wäre, Erfolg und Glück der Begünstigten zu schmälern. Entsprechend wütend sind die Reaktionen auf den kleinsten Versuch und die winzigste Andeutung, die Privilegien der Privilegierten zu beschneiden.

Von dieser allgemeinen Ignoranz und Selbstgerechtigkeit gibt es – wie schon erwähnt – selbstverständlich Ausnahmen. Dazu gehören Leute, die ihr Vermögen geerbt haben und immer mehr Studenten, Journalisten und andere Intellektuelle, die ihre kritische Stimme gegen die Ausgrenzung der sozial Schwachen erheben und sich um die Zukunft sorgen. Sie tun dies übrigens häufig auch aus einer Position des relativen eigenen Wohlstandes heraus. Folge davon werden politische Aktionen sein und Konflikte mit den Präferenzen der Zufriedenen. Um es noch einmal zu wiederholen, die Zahl der Kritiker ist nicht gerade klein, aber sie ist nicht groß genug, um eine ernsthafte Bedrohung für die wählende Mehrheit darzustellen. Im Gegenteil, durch ihre abweichende Meinung verleihen sie der Führungsposition der Begünstigten und Privilegierten noch einen dankbar akzeptierten Anschein von demokratischer Auseinandersetzung.

Ihre Kritik macht deutlich, daß »die Demokratie funktioniert«. Die Liberalen in den Vereinigten Staaten und die Labourpolitiker Englands üben damit eine kaum zu überschätzende Funktion aus. Ihre öffentlichen Verlautbarungen geben den Ausgegrenzten beides zugleich: Hoffnung und die Gewißheit, daß man sie eben doch vergessen hat. Die Argumente, mit denen die Stellung der zufriedenen Mehrheit verteidigt wird, unterscheiden sich trotz ihrer sozialwissenschaftlichen Verbrämung kaum von denen, die einst der Rechtfertigung von Aristokraten und Frühkapitalisten galten.

Ein zweites wichtiges, aber vielen weniger bewußtes Charakteristikum der zufriedenen Mehrheit ist ihre Einstellung zur Zeit. Auf eine knappe Formel gebracht, kann man sie etwa so beschreiben: Es ist besser, die öffentliche Hand bleibt auch kurzfristig untätig, als Maßnahmen zu ergreifen, die die Lage zwar langfristig stabilisieren, die dem eigenen Interesse aber kurzfristig zuwiderlaufen. Dies gilt auch, wenn die Folgen dieser Haltung insgesamt ebenso bedrohlich wie absehbar sind. Der Grund dafür liegt auf der Hand. Die langfristige Perspektive *muß* ja nicht unbedingt Wirklichkeit werden; zumindest ist das die herrschende und bequeme Auffassung. Wichtiger aber ist noch, daß die Kosten einer beispielsweise sozialen Maßnahme, die heute in die Wege geleitet wird, heute von der privilegierten Schicht getragen werden muß. Etwa im Falle von Steuererhöhungen. Ihr Nutzen wird sich dagegen erst in der Zukunft erweisen, also vielleicht ganz anderen Menschen zum Vorteil gereichen. Jedenfalls wird stillschweigend der Lehrmeinung des Laisser-faire zugestimmt, wonach sich am Ende alles schon zum besten wenden wird.

Merkwürdigerweise werden Gegenstimmen oft sogar mit Respekt zur Kenntnis genommen. Aber dieser Respekt reicht nie soweit, daß er konkrete Änderungen zur Folge hätte. Für die zufriedene Mehrheit ist die Logik der Untätigkeit ein unerschütterlich zementiertes Gedankengebäude. Über viele Jahre war der saure Regen (Ursache sind die Schwefelemissionen der Kraftwerke im Mittleren Westen), im Nordosten der Vereinigten Staaten und in Kanada ein großes Problem. Die verheerenden Folgen für die Umwelt insgesamt, aber auch für die Forstwirtschaft, für die Freizeit- und Erholungsgebiete und die dort angesiedelten Betriebe, für die Ahornzuckerhersteller und ganz allgemein für die an Ort und Stelle davon betroffenen Menschen, sind bekannt. Die Kosten entsprechender Gegenmaßnahmen liegen für die Kraftwerksbetreiber und ihre Abnehmer klar auf der Hand, vor allem aber: Sie fallen sofort an. Dagegen sind die langfristigen Erfolge für den Umweltschutz nicht so genau errechenbar. Und genau nach diesem Prinzip wird die Politik der Zufriedenen entscheiden. Sie behaupten nicht etwa, das Problem existiere gar nicht. Sie verzögern aber entsprechende Schritte, das Problem zu lösen. Dabei wird insbesondere nach besserer wissenschaftlicher Untermauerung der Analysen gefragt, die dann der politischen Unfähigkeit häufig einen äußerst willkommenen und intellektuell durchaus achtbaren Anstrich verleihen. Schlimmstenfalls wird der Einsatz einer Kommission vorgeschlagen, die die Aufgabe hat, die notwendigen Maßnahmen zu diskutieren, zu empfehlen oder sie vielleicht auch nur zurückzustellen. Günstigstenfalls sind begrenzte, vielleicht auch nur symbolische Handlungen das Ergebnis. Bei anderen langfristigen Umweltgefahren – wie der weltweiten Erwärmung der Atmosphäre und der Zersetzung der Ozonschicht – verfährt man dann ebenso.

Ein anderes Beispiel dafür, welche Bedeutung Zeiträumen zugemessen wird, ergibt sich aus dem, was ziemlich hochtrabend »die ökonomische Infrastruktur der Vereinigten Staaten« genannt wird – gemeint sind ihre Highways, Brücken, Flughäfen, Massentransportsysteme und andere öffentliche Einrichtungen. All dies bleibt weit hinter den Sicherheitsansprüchen zurück, wenn man den gegenwärtigen Standard zum Maßstab erhebt. Dennoch werden alle Forderungen nach in diesem Bereich erforderlichen Investitionen mit Erfolg abgeschmettert, weil eben die sofort anfallenden Kosten und Steuern genau zu beziffern sind, niemand aber genau zu sagen vermag, wem genau entsprechende Maßnahmen in der Zukunft nützen werden. Mit anderen Worten: Die Generation, die investiert, ist nicht die, die profitiert. Warum sollte man für Leute, die man gar nicht kennt, bezahlen? Diese Form aus der Zufriedenheit geborener Ignoranz gewinnt zunehmend Einfluß auf unser soziales Leben. Das Highway-Netz, das die einzelnen Bundesstaaten der USA miteinander verbindet, die Landstraßen, die für LKW gesperrt sind und die Landschaft zerstückeln, Flughäfen, ja vielleicht sogar Krankenhäuser und Schulen, die erstellt wurden, als der finanzielle Rahmen zwar enger, aber die Zahl der privilegierten Wähler weitaus geringer war, würden heute wahrscheinlich nicht mehr gebaut.

In den 80er Jahren hat sich die Neigung, den Blick nur auf kurzfristige Vorteile zu richten, ziemlich dramatisch offenbart, wie wir später noch näher zeigen werden, und zwar anhand des anhaltenden Budgetdefizits der Vereinigten Staaten und den damit einhergehenden und zum Teil daraus resultierenden Defiziten in den internationalen Handelsbilanzen. Es war ganz deutlich abzusehen, daß die potentiellen Kosten vor allem die privilegierte Wählerschicht und die zufriedene wählende Mehrheit treffen würden. Denn um das Defizit zu verringern, hätte man entweder die Steuern erhöhen oder die Ausgaben verringern müssen, und zwar dort, wo es auch die Wohlhabenden getroffen hätte. Die in der Zukunft erreichbaren Vorteile waren dagegen weit weniger ausrechenbar. Reagan und Bush haben ihren Wählern durchaus befriedigende Antworten gegeben. Trotz aller Kritik am politischen Agieren beider Präsidenten muß man ihnen doch eines lassen: Sie haben untrüglichen Instinkt dafür bewiesen, was ihre politische Klientel wollte.

Ein dritter Baustein für das Weltbild der Wohlhabenden ist ihre selektive Betrachtungsweise der Rolle des Staates beziehungsweise der Regierung. Etwas überspitzt gesagt, wird der Staat als notwendiges Übel gesehen. Kein politisches Bekenntnis der Moderne ist so oft wiederholt worden und hat so viel Beifall erhalten wie das, wonach die Menschen sich die »Last« des Staates »vom Halse schaffen müssen«. Das Ziel, dieses notwendige Übel so klein wie möglich zu halten (und damit selbstverständlich auch die notwendigen Steuern!) hat bei der zufriedenen Mehrheit der Wohlständler einen hohen politischen Stellenwert.

Aber wenn auch die Regierung allgemein als Last empfunden wird, so gibt es doch wichtige und vor allem kostenintensive Bereiche, die von diesem Urteil ausgenommen werden. Man muß deshalb eigentlich nicht erwähnen, daß von dieser Kritik die Social Security, die medizinische Versorgung für die Bezieher höherer Einkommen, die Subventionen für die Einkommen der Farmer und die staatliche Einlagenversicherung für die Anleger bei notleidenden Banken und Spar- und Kreditunternehmen ausgeschlossen wurden. Denn bei all dem handelt es sich um massive Subventionen für den Komfort und die soziale Sicherheit der zufriedenen Mehrheit. Niemandem würde es deshalb auch nur im Traum einfallen, nur das winzigste Wort der Kritik lautwerden zu lassen. Das wäre auch in keiner Regierungskonstellation denkbar. Den Militäretats hat die Gruppe der Zufriedenen schon immer besonders viel Verständnis entgegengebracht und zwar ungeachtet der Kosten und der daraus resultierenden Steuerlasteffekte. Dafür gibt es drei

Gründe. Erstens dienen diese Ausgaben dazu, wenn man sie mal in wirtschaftlichen Kategorien wie Löhnen, Gehältern, Gewinnen und Subventionen für Forschungseinrichtungen und andere Institutionen ausdrückt, die Einkommen eines beträchtlichen Teils dieser zufriedenen Wählermehrheit stabil zu halten oder zu erhöhen. Geld, das in Waffen investiert wird, macht sich für die genannte Wählerschaft erheblich besser bezahlt als Geld, das den Menschen in den armen Bevölkerungsschichten zugutekommt.

Wichtiger ist vielleicht noch ein Gedankenrelikt aus einer eigentlich überwundenen Epoche: Ausgaben für das Militär und die CIA und in geringerem Umfang für das Department of State galten immer als unverzichtbarer Schutz gegen eine der schwersten Bedrohungen für anhaltenden Wohlstand und dauerndes Zufriedensein: den Kommunismus. Die manchmal schon paranoide Furcht davor hat dazu geführt, daß dem militärischen Establishment von vornherein jegliche Unterstützung zugesagt wurde. Auch die amerikanischen Liberalen haben sich offenbar nicht weniger als die Konservativen verpflichtet gefühlt, ihren persönlichen Beitrag zur Freiheit und zu den Menschenrechten zu leisten. Sie haben durch ihre Unterstützung des Verteidigungshaushaltes demonstriert, daß sie gegenüber dem Kommunismus keinesfalls bereit waren, »die weiche Tour« zu gehen.

Die Sowjetunion und ihre Satelliten in Osteuropa galten gewissermaßen als natürliche Gegner. Die Furcht vor der beträchtlichen Kompetenz der Sowjetunion auf dem Gebiet der militärischen Technologie und der Produktion von Rüstungsgütern war einer der Grundpfeiler für die breite Zustimmung, die die exponentiell wachsenden Militäretats allerorten fanden. Daraus wurde bald eine Art weltumfassender Verdacht, der auch mühelos als Grund dafür herhielt, daß im Angola-, Afghanistan-, Äthiopien-, Grenada-, El Salvador- und Nicaraguakonflikt viel Geld ausgegeben wurde. Vom Krieg in Vietnam und seinen immensen Kosten einmal ganz zu schweigen. Der kommunistische Feind lauert überall, mit Beginn der 70er Jahre allerdings mit Ausnahme des kommunistischen China. Indem es sich gegen die Sowjetunion wandte, waren die Sünden der Vergangenheit, etwa in Korea und Vietnam, vergeben und vergessen. Plötzlich behandelten amerikanische Politiker das »rote China« wie eine honorige Bastion der Demokratie. Ungeachtet aller Repressalien und Menschenrechtsverletzungen ist das im Kern bis heute so geblieben. Der letzte Grund dafür, daß die Militärausgaben so dauerhaft von jeglicher Kritik ausgespart blieben, liegt in der sich immer wieder selbst stabilisierenden Macht der Streitkräfte und des Rüstungsestablishments. Dieses Establishment kontrolliert das zu produzierende Waffenarsenal ebenso wie die militärischen »Missionen«, für die es zur Verfügung gestellt wird. Ganz besonders gilt dies für die Kontrolle über die Fonds.

Bis zum Zweiten Weltkrieg noch haben sich die wohlhabenden Schichten in den Vereinigten Staaten, repräsentiert insbesondere von den Anhängern der Republikaner, gegen Militärausgaben gestemmt. Danach jedoch galt der weltweite kommunistische Machtanspruch als das Menetekel an der Wand und hat eine tiefgreifende mentale Veränderung bewirkt: Jene, die sich um ihre eigene wirtschaftliche Stellung und ihren Wohlstand Sorgen machten, wurden nun zu den eifrigsten Verfechtern auch noch so verschwenderischer Militärausgaben. Nachdem nun der Kommunismus zusammengebrochen ist, stellt sich die interessante Frage, welche Haltung die Wohlhabenden und Zufriedenen wohl jetzt einnehmen werden. Daß die Militärlobby, sei sie nun im privaten Sektor oder im staatlichen Bereich angesiedelt, auch in Zukunft einen großen Teil der Mittel für sich beanspruchen wird, die es in der Vergangenheit erhalten hat, steht jedenfalls außer Zweifel.

Dies sind also die Ausnahmen, die die zufriedene Mehrheit sich gestattet, wenn sie den Staat und seine im übrigen als lästig erachteten Forderungen kritisiert: Sozialausgaben zugunsten der Privilegierten und andere Subventionen, Militärausgaben und selbstverständlich Zinszahlungen, die zusammengenommen bei weitem den größten Teil des Bundeshaushaltes ausmachen und die in den letzten Jahren die bei weitem größten Zuwächse aufzuweisen hatten.

Was darüber hinaus verbleibt – also Kosten für die Wohlfahrt, für billige Wohnungen, für Gesundheitsvorsorge, für die Armen, für das öffentliche Bildungswesen und für all das, was mit einer Sanierung der städtischen Slumgebiete zusammenhängt – wird heute als Last empfunden, die der Staat einem aufbürdet. Es handelt sich also ausschließlich um Gelder, die im Interesse derjenigen verwendet werden sollen, die nicht das Glück haben, zur zufriedenen Mehrheit zu gehören. Und auch hier haben Reagan und Bush einen gesunden Sinn für die Wünsche ihrer Wählerschaft bewiesen; mit Blick auf die zukünftige Tendenz im Bereich der zufriedenen Mehrheit werden sie auch weiterhin die Aufgabenstruktur nicht zugunsten der armen Bevölkerungsschichten verschieben.

Als letztes Charakteristikum sei die Toleranz genannt, mit der die Zufriedenen den großen Einkommensunterschieden innerhalb der eigenen Gruppe begegnen. Diese Einkommensunterschiede sind bereits an anderer Stelle erwähnt worden, ebenso wie die Tatsache, daß sie nie Gegenstand einer ernsthaften Diskussion waren. Vielmehr gibt es hier eine stillschweigende und auch recht einleuchtende Übereinkunft: Der Preis, den ich dafür zahle, daß mein eigener sozialer Status nicht angetastet wird, ist meine Toleranz gegenüber der Tatsache, daß es andere gibt, die über noch erheblich größere Einkommen verfügen. Sowohl Widerstand gegen eine mit Hilfe von Steuerpolitik betriebene Umverteilung der Einkommen zwischen sehr Reichen und sehr Armen als auch deren Befürwortung öffnet allen möglichen Spekulationen über höhere Steuern für die schlechter situierten Wohlhabenden Tür und Tor. Darin liegt vor allem für die Armen eine Gefahr. Jeder Aufschrei der privilegierten Hälfte könnte eigentlich nur dazu führen, das Augenmerk aller auf die weit schlechtere Stellung der anderen Hälfte zu lenken. Der satte Vorteil, den die sehr Reichen erzielen, ist aber der Preis, den die zufriedene Wählermehrheit dafür zahlen muß, daß sie ihren Wohlstand aufrechterhalten kann. Sie sind zwar nicht richtig reich, aber es läßt sich mit ihrem Einkommen noch sehr gut leben. Und eines ist völlig klar, in dieser Toleranz kann ein solider sozialer Vorteil liegen: »Um den Armen und der Mittelklasse zu helfen, muß man die Steuern der Reichen senken«.[6]

Ronald Reagans einzige erwähnenswerte wirtschaftspolitische Maßnahme bestand in der Steuererleichterung für die sehr gut Verdienenden. 1981 wurden die Grenzsteuersätze für die sehr Reichen, die teilweise nominal 70 Prozent betrugen, auf 50 Prozent gesenkt. Dann fielen 1986 im Zuge der Steuerreform die Steuersätze für die Superreichen der Gesellschaft auf 28 Prozent, obwohl die Steuersenkung zum Teil durch andere Maßnahmen wieder ausgeglichen wurde. Das Ergebnis war ein wirklich generöser Anstieg der Einkommen nach Steuern in den höheren Einkommensschichten. Es steht außer Zweifel, daß Reagan diese Steuersenkung zum Teil deshalb durchgesetzt hat, weil er während seiner Zeit in Hollywood selbst Steuerforderungen hat hinnehmen müssen und sich daran schmerzhaft erinnern konnte. Er war aber auch von wirtschaftstheoretischen Überlegungen beeinflußt, die übernommen wurden, um eine Steuersenkung für die reichen Leute zu erwirken. Im wesentlichen bestanden diese ökonomischen »Argumente« in der Volksweisheit, daß man dem Pferd schon reichlich Hafer geben müsse, wenn für die Spatzen auf der Straße auch noch etwas davon übrigbleiben sollte. Aber auch hier war wieder das Gespür dafür zu erkennen, was einer breiten Wählerschaft und dem mit ihr übereinstimmenden Kongreß

[6] George Gilder »Wealth and Poverty« (New York: Basic Books, 1981). Seite 188. Zitiert nach Kevin Phillips, in: »The Politics of Rich and Poor: Wealth and the American Electorate in the Reagan Aftermath« (New York: Random House, 1990), S. 62.

nützte. Diese Wählerschaft akzeptierte die Begünstigung der sehr reichen Leute in Amerika als Gegenleistung dafür, daß ihre eigene Position nicht angetastet wurde.

Zusammenfassend muß gesagt werden, daß viel von dem, was in den vergangenen Jahren den politischen Grundvorstellungen, den persönlichen Weltanschauungen und den Irrtümern der amerikanischen Politik zugeschrieben wurde, tiefreichende Wurzeln in der amerikanischen Staats- und Gesellschaftsform hat. Man hat Ronald Reagan oft mit Lob dafür bedacht, daß er dem amerikanischen Volk wieder Selbstwertgefühl gegeben habe. Dies gilt uneingeschränkt für die Leute, die ihn gewählt haben und vielleicht sogar für die nicht unbeträchtliche Zahl derer, die ihn zwar nicht gewählt haben, aber für sich selbst bequem und in stillem Einverständnis mit den sehr tangiblen persönlichen Effekten seiner Steuerpolitik leben.

In früheren Zeiten gab es in den Vereinigten Staaten, gleich welche der großen Parteien gerade regierte, so etwas wie ein schlechtes Gewissen oder Unbehagen oder zumindest ein gewisses Gefühl der Unruhe, wenn man an all jene dachte, denen das Schicksal eine unterprivilegierte Stellung zugedacht hatte. Derartiges Denken war in der Reagan-Ära nicht üblich. Denn den wohlhabenden Amerikanern ging es deshalb so gut, weil sie es ja verdient hatten. Wenn daran einige keinen Anteil hatten, so lag das an ihrer Unfähigkeit, oder sie hatten ihr Los frei gewählt. So wie es einstmals das Privileg der Franzosen war, der Reichen ebenso wie der Armen, unter den Brükken zu schlafen, so hatte nun plötzlich jeder Amerikaner das unverbrüchliche Recht, auf den Rosten der Lichtkästen auf den Straßen zu schlafen. Dies muß nicht unbedingt der Realität entsprechen, aber es war die vom Präsidenten initiierte offizielle Lesart eines Rollentextes, den Ronald Reagan vor dem Hintergrund seiner langen und beachtlichen Schauspielerkarriere selbst getestet hat.

Dabei ging es nicht um Realitätsnähe oder Wahrheitsgehalt, sondern, wie bei einem Werbespot im Fernsehen auch, ausschließlich um die Werbewirksamkeit. Darin lag eine große Anziehungskraft; diese Betrachtungsweise erlaubte es den »Mehrheits-Amerikanern«, ihrem Gewissen und ihrer sozialen Verantwortung zu entkommen und sich statt dessen mit Selbstbestätigung zu rüsten. Hinzu kommt noch ein weiterer, unter sozialen Aspekten ziemlich bitterer Tatbestand, der kaum Erwähnung fand. Der Komfort und Wohlstand der zufriedenen Mehrheit wurde getragen und gemehrt von einer großen, außerordentlich nützlichen Klasse, die von eben diesen Annehmlichkeiten ausgeschlossen bleibt und die es in jeder modernen Volkswirtschaft gibt. Zu den Diensten, die diese Klasse leistet, die wir hier die funktionelle Unterschicht nennen wollen, sowie zu ihrer Charakterisierung komme ich jetzt.

3

Die funktionelle Unterschicht

Im voraufgegangenen Kapitel haben wir uns häufig auf den Begriff der Klasse bezogen. Auf kaum etwas bestehen die Amerikaner so unerschütterlich wie auf der Behauptung, in den Vereinigten Staaten von Amerika gebe es keine sozialen Klassen. Wir sind eine klassenlose Gesellschaft, und darauf verweisen wir mit Stolz. Der Mythos dieser Republik gründet sich auf das Konzept der Klassenlosigkeit – auf den Glauben, wie Präsident Bush es einmal gesagt hat, daß der Begriff Klasse etwas »ist, das auf die europäischen Demokratien oder sonst wen zutrifft – er gilt nicht für die Vereinigten Staaten von Amerika. Wir werden uns nicht durch Klassen voneinander trennen lassen.«[7]

Dennoch drängt sich einem die Wirklichkeit immer dann auf, wenn sie aus irgendeinem Grunde sichtbar präsentiert wird. Die wohltemperierte Eloquenz des Präsidenten langt nicht aus, um dieses Phänomen aus der Welt zu schaffen. Unwiderruflich gibt es in der amerikanischen Sprache den Begriff von der »Underclass«, der

[7] Zitiert in Benjanmin DeMott, »The Imperial Middle. Why American Can't Think Straight About Class« (New York, Morrow, 1990), Seite 9210 ff.

Unterschicht. Und so gibt es einzelne Menschen oder auch ganze Familien, die nicht in den Genuß des Wohlstands kommen, für den der Prototyp des Amerikaners steht. Die Angehörigen dieser Klasse leben in erster Linie zusammengeballt in den Zentren der großen Städte oder, weniger auffällig, auf Farmbetrieben, die kaum noch Erträge abwerfen, als Wanderarbeiter oder in den ehemaligen Bergbaugebieten. Auch die Armen aus dem alten Süden oder aus der Region um den Rio Grande in Texas gehören dazu. Der größere Teil der Unterschicht besteht aus Schwarzen und Latinos. Wenn die Unterschicht allgemein nur mit den großen Städten in Verbindung gebracht wird, so beruht dies zumindest zum Teil darauf, daß sie dort selbstverständlich am deutlichsten in Erscheinung tritt.

Niemand bestreitet die Existenz dieser armen Schichten. Bestritten wird vielmehr, daß diese Unterschicht ein integraler Bestandteil des gesamten Wirtschaftsablaufes ist, und, was noch wichtiger ist, daß sie dazu dient, den Lebensstandard und Komfort der sozial Gutgestellten zu ermöglichen. Wirtschaftlicher Fortschritt wäre ohne sie weit weniger sicher und würde sich gewiß sehr viel langsamer vollziehen. Die wirtschaftlich Erfolgreichen und Begünstigten, einschließlich all jener, die mit dem allergrößten Bedauern darüber sprechen, daß es diese Klasse gibt, hängen in ganz hohem Maße von ihrer Existenz ab.

Die Unterschicht ist in weitreichendem Sinne funktionell; und es gibt sie in allen Industrieländern in größerem oder kleinerem Umfang in der einen oder anderen Ausprägung. Da einige Angehörige dieser Schicht vor der ständigen Ausbeutung und den damit verbundenen

Zwängen fliehen, muß ihr Heer ständig ersetzt und ergänzt werden. Es sollte dabei nicht verschwiegen werden, daß die sonst so scharfsinnigen Wirtschafts- und Sozialwissenschaftler sich nur auf wenigen Gebieten so zurückhaltend äußern wie auf diesem. Das Bild von einem wirtschaftlichen und politischen System, in dem die sozialen Defizite dargestellt werden, als seien sie eine heilbare Krankheit, ist absolut unerwünscht. An dieser Stelle wird mehr als deutlich, daß der soziale Komfort und die Bequemlichkeit der Wohlständler der für jedermann erkennbaren Realität vorgeordnet ist.

Um diese Realität anzuerkennen, müßte man damit beginnen, einmal öffentlich und klar zu definieren, was unter »Arbeit« zu verstehen ist. Arbeit ist nach herkömmlicher Betrachtungsweise etwas, das einen befriedigt und für das man entsprechend belohnt wird. Sie ist für jene, die einen Beruf ihrer Wahl ausüben, mal mehr, mal weniger erfreulich. Ein gewisser Stolz auf geleistete Arbeit ist Normalität im Leben der Zufriedenen.

Dagegen gibt es auch viele Jobs, die langweilig, ermüdend, stupide und unter sozialen Aspekten erniedrigend sind. Dies gilt für manche Art der Hausarbeit, für bestimmte Sparten der Landarbeit, aber auch für Industriearbeiter, die an Fließ- und Montagebändern stehen. Dort stellen die Lohnkosten den wichtigsten Kalkulationsfaktor für den Preis der Endprodukte dar. Nur wenn die enge Koppelung zwischen Arbeitskosten und Preis aufgebrochen oder zum Teil aufgebrochen werden kann, also in der Regel auf den höheren Einkommensniveaus, wird Arbeit zur erfreulichen und befriedigenden Angelegenheit. Eines der Grundmerkmale des modernen Wirtschaftssystems ist es, wenn auch selten expressis verbis ausgesprochen, daß Arbeit dort am höchsten bezahlt wird, wo sie am angenehmsten und am prestigeträchtigsten ist. Sie wird am anderen Ende der Skala ausgeübt, an deren einem jene stehen, die der direkte Autorität eines anderen unterstellt sind: Pförtner, Haushaltsgehilfen, Gelegenheitsarbeiter oder Fahrstuhlführer. An dieser Art der Arbeit haftet ein Geruch.

Es gibt in der heutigen Zeit keine größere Illusion, ja keinen schlimmeren Betrug, als die Verwendung des einen Begriffes Arbeit sowohl für frustrierende, schmutzige und sozial diskriminierende Tätigkeiten als auch für die erfreulichen, mit Sozialprestige ausgestatteten und finanziell sehr einträglichen Berufe. Alle, die angenehme und gut bezahlte Tage bei ihrer Arbeit verbringen, betonen nachdrücklich, wie »hart« sie arbeiten. Sie erwähnen dabei nicht, daß sie zur begünstigten Klasse, zur Oberschicht gehören. Selbstverständlich dürfen sie sagen, daß sie ihre Arbeit lieben, aber es wird dabei unterstellt, daß jeder gute (also »harte«) Arbeiter dieses Glück mit ihnen teilt. Es gab in dieser Hinsicht nur einen kurzen Augenblick der Wahrheit. Es war die Zeit, als wir noch Verbrecher selbst verurteilten, da wurde zurecht von Jahren voll »harter Arbeit« gesprochen. Ansonsten kleistern wir die Unterschiede zwischen angenehmer und hochbezahlter Arbeit und solcher, die schlecht bezahlt und deprimierend ist, gnadenlos zu.

Ich beschreibe hier eines der grundlegenden Prinzipien, nach denen auch moderne Wirtschaftsgesellschaften noch funktionieren: Die Armen werden in unserer Wirtschaft benötigt, um jene Arbeit zu leisten, die die

Wohlhabenden und Bessergestellten nicht mehr leisten wollen, weil sie sie als erniedrigend oder aus anderen Gründen als unannehmbar empfinden. Und – wie schon gesagt – das Heer der »niederen Arbeitskräfte« muß ständig aufgefüllt werden. Unter anderem deshalb, weil Kinder unterprivilegierter Eltern deren physisch erschöpfende, sozial nicht akzeptierte, schlecht bezahlte Arbeit aus nächster Nähe kennen und in ein bequemeres und finanziell besser gepolstertes Leben zu fliehen suchen. Eigentlich kann ihnen niemand sein Verständnis dafür verweigern. Dennoch muß die Unterschicht quantitativ stabil gehalten werden. Was dies im einzelnen bedeutet, können wir am ehesten sehen, wenn wir das Beispiel Westeuropa genauer betrachten.

In Deutschland, Frankreich, in der Schweiz und in geringerem Maße auch in Österreich und Skandinavien war die Bereitstellung von ausländischen Arbeitskräften in den letzten 40 Jahren eine Sache, von deren Notwendigkeit alle überzeugt waren und die bestens durchorganisiert war. Diese Menschen wurden für Arbeiten ins Land geholt, für die die eigenen Landsleute nicht länger zur Verfügung standen. Die Fabriken der ehemaligen Bundesrepublik Deutschland sind vollgestopft mit Türken und Jugoslawen, die eine Fülle von Tätigkeiten ausüben. Frankreich erlebt beinahe einen zweiten Ansturm der Mauren – den breiten Zustrom von Arbeitskräften aus den früheren nordafrikanischen Kolonien. Schweizer Unternehmen haben sich lange auf italienische und spanische Arbeiter gestützt. Der industrialisierte Norden Italiens hing in starkem Maße von der Reservearmee der Arbeitslosen aus dem Süden ab – aus dem Mezzogiorno und nun auch in zunehmenden Maße aus Nordafrika. Die britische Wirtschaft wurde zu einem nicht geringen Teil von Zuwanderern aus den früheren Dominions getragen – aus Indien, Pakistan, Bangladesch und den Westindischen Inseln.

Diese Arbeiter sind in Fabriken, an Fließbändern und in einer Vielzahl von weiteren Jobs beschäftigt. Arbeit in Restaurants, Haushalten und andere Dienstleistungen, aber auch schmutzige Arbeit im öffentlichen Dienst sind ihre angestammte »Domäne«. In den großen und im allgemeinen sehr guten Schweizer Krankenhäusern wäre ein massiver Pflegenotstand, ja eine Häufung von Todesfällen wohl unausweichlich, wenn man nicht auf so viele ausländische Pfleger zurückgreifen könnte. Landstraßen und Autobahnen in der Schweiz wären ohne den Arbeitseinsatz von Ausländern in verheerendem Zustand, Schnee und Müll würden nicht mehr beseitigt. Schweizer Bürger sind für diese Art Arbeit kaum noch zu gewinnen. Ähnlich ist die Situation – wie schon erwähnt – in Deutschland, Frankreich oder sonstwo in Westeuropa, wo im übrigen die einheimischen Arbeitskräfte kaum noch am Fließband stehen oder andere unerfreuliche und schmutzige Arbeiten verrichten.

Dieses »Arrangement« hat noch weitere Vorteile für die etablierten Schichten – sie liegen in der Verfügbarkeit dieser Unterschicht. Ändert sich die Konjunkturlage, kann man aus dem »Heer der Heloten« beliebig viele entlassen oder Ausländern schon an der Grenze die Einreise verweigern. In der Schweiz wurde dies Verfahren so perfektioniert, daß Arbeitslosigkeit nur in den unteren Schichten vorkam. Wichtig ist, daß Arbeiter, die aus armen Ländern einwandern und ausgepowerte Kleinbauern und Landarbeiter waren, von ihrem neuen vergleichsweise hohen Wohlstand tief beeindruckt sind. Deshalb kämpfen sie nicht so selbstbewußt um hohe Löhne und bessere Arbeitsbedingungen wie die heimischen Arbeiter. Und ihr Selbstbewußtsein wird darüber hinaus von der Tatsache gedämpft, daß sie von jeder Möglichkeit ausgeschlossen sind, politischen Einfluß auf ihre Lebensbedingungen zu nehmen. Denn Staatsbürgerschaft und Wahlrecht werden ihnen meist verweigert. Auch fürchten viele Ausländer, bei mangelndem Wohlverhalten in ihre Heimatländer abgeschoben zu werden.

Dieser großen Migrationsbewegung wurde nie viel Bedeutung zugemessen, von gelegentlichen ethnischen Spannungen einmal abgesehen. Und noch weniger wurde die Tatsache hervorgehoben, daß diese Wanderungsbewegung nach dem Zweiten Weltkrieg für das Wirtschaftsleben in Westeuropa von entscheidender Bedeutung gewesen ist. Denn die einheimische Arbeiterklasse war inzwischen äußerst aufstiegsorientiert und sah sich nach besser bezahlten und befriedigenderen Jobs um. Daß es hinsichtlich ihrer Funktion eine vergleichbare Unterschicht auch in den Vereinigten Staaten gibt, wurde gar nicht erst erwähnt. Auch hier bei uns erfüllt sie eine ungeliebte, aber unverzichtbare Rolle im modernen Kapitalismus. Welche Rolle sie spielt, ist allerdings weit schwieriger zu beschreiben als die der ausländischen Arbeiter in Europa.

Vom Ausgang des vorigen Jahrhunderts an bis zum Ersten Weltkrieg wurden in Amerika die für die Massenproduktionen der Industrie benötigten Arbeitskräfte in großem Stil aus osteuropäischen Einwanderern und arbeitslosen Landarbeitern rekrutiert. Als diese Quelle zu versiegen drohte, traten in zunehmendem Maße Schwarze aus dem Süden und arme Weiße aus dem Apalachenplateau an ihre Stelle. Die großen Montagebetriebe und Bodyshops von Detroit bezogen einstmals ihre Arbeiter von den angrenzenden Farmbetrieben und aus den kleineren Städten Michigans und Ontarios, aber – wie gesagt – beschäftigten sie auch Einwanderer aus Polen und anderen Ländern Europas. Je stärker diese demographische Gruppe sich in besseren Jobs etablierte, desto mehr Menschen aus weit abgelegenen Landwirtschafts- und Bergbaugebieten und Wanderarbeiter aus dem tiefen Süden standen an den Montagebändern. So wurde Detroit zu einer Stadt mit überwiegend schwarzer Bevölkerung. Die Automobilindustrie hätte nicht überlebt, wenn sie nur auf die Söhne und Töchter ihrer ursprünglichen Arbeiterschaft gebaut hätte. Dasselbe gilt für viele öffentliche und private Dienstleistungen.

In jüngster Vergangenheit wurde Lateinamerika, vor allem Mexiko, zur bedeutendsten Quelle, aus der das Arbeitskräftepotential der Vereinigten Staaten gespeist wird. Vor vielen Jahren wurde ein Gesetz verabschiedet, das die befristete Einwanderung von Arbeitern während der Obst- und Gemüseernte regelt. Dort heißt es wörtlich, für diese Art Arbeit ständen amerikanische Staatsbürger nicht in ausreichender Zahl zur Verfügung. Damit wurde auf etwas ungewöhnliche Weise die Vorstellung des Gesetzgebers von der Rolle der Unterschicht festgeschrieben.

In den Einwanderungsgesetzen von 1990 wird letztlich

offiziell deutlich, daß es in den USA einen anhaltenden Bedarf an einwandernden Arbeitern gibt. Dennoch wurde diskutiert, ob man den dringend benötigten Facharbeitern aus anderen Ländern ebenfalls die Tür öffnen solle (und gnädigerweise auch den Verwandten früherer Zuwanderer).

Der eigentliche, übergeordnete Zweck dieser gesetzlichen Regelung stand dennoch nie außer Zweifel. Es sollte weiterhin Menschen geben, die für die Amerikaner die Rolle der Unterschicht spielen. Nur aussprechen wollte man diese brutale Wirklichkeit nicht. Denn es klingt nicht gut, wenn man sagt, daß die moderne Volkswirtschaft – also der Kapitalismus – eine derartige Unterschicht braucht und schon gar nicht, daß man dafür auf die Einwohner armer Länder zurückgreifen muß. Nun beschränkt sich der Beitrag der unteren Klassen keineswegs darauf, die Dreckarbeit in Industrie und Landwirtschaft zu erledigen. In den modernen Ballungsräumen fällt schlecht bezahlte, sogenannte niedere Arbeit in Hülle und Fülle an, für die ungelernte, entsprechend wenig selbstbewußte, entsprechend billige Arbeitskräfte gebraucht werden. Die Unterschicht erfüllt all diese Kriterien und macht das Leben in der Stadt für die Wohlhabenden auf einem äußerst komfortablen Niveau nicht nur erfreulich, sondern überhaupt erst möglich. Und leider ist dies nicht die einzige Schattenseite der Wirklichkeit.

Die Stadtzentren in den Vereinigten Staaten zeigen das Bild eines bedrohlichen gesellschaftlichen Chaos. Verbrechen und gewalttätige Auseinandersetzungen sind in einer Weise an der Tagesordnung, wie sich das der Durchschnittsbürger in Europa kaum vorstellen kann – in

Brixton und Notting Hill Gate, in London oder in Regionen Frankreichs, wo Zuwanderer aus Nordafrika auf relativ kleinem Raum zusammengedrängt leben, kommt allerdings ähnliches vor. Drogenhandel, Schießereien, Raub und Vergewaltigung vor dem Hintergrund einer oft desolaten Familienstruktur sind hier ebenfalls ein tagtägliches Problem.

Diese Erosion des sozialen Gefüges hat eine entscheidende Ursache: Das deutlich verlangsamte Wirtschaftswachstum und die Verlagerung von ganzen Industriezweigen an wirtschaftlich attraktivere Standorte hat dazu geführt, daß die Unterschicht jene vergleichsweise stabilen Arbeitsplätze verloren hat, die in Boomzeiten in den großen Städten wahrlich keine Mangelware gewesen sind. Der einst mögliche soziale Aufstieg, lange Zeit das Allheilmittel gegen jegliche Form der Unzufriedenheit, blieb nun aus. Ein Angehöriger der Unterschicht war nun dazu verdammt, es auch zu bleiben. Und nicht einmal für seine Kinder entwickelte sich irgendeine Perspektive. Warum Minderheiten in New York, Chicago, Los Angeles oder wo auch sonst, die immer arm, aber doch zufriedene und engagierte Staatsbürger waren, die Innenstädte in Zentren des Terrors und der Hoffnungslosigkeit verwandelten, war kaum jemandem einen Kommentar oder eine intelligente Frage wert. Statt Hoffnung auf sozialen Aufstieg herrscht allerorten Hoffnungslosigkeit.

Führt man sich nun einmal die schmutzigen und erbärmlichen Lebensumstände vor Augen, unter denen die moderne Unterschicht leben muß, und vergleicht man sie mit dem Leben, das die zufriedene Mehrheit führt, so ist es eher ein Wunder, daß die Unzufriedenen und ihre gewalttätigen und aggressiven Gruppierungen nicht noch größer sind als ohnehin. Ein Grund dafür, der in Europa ganz offenkundig ist, aber auch für die Vereinigten Staaten gilt, liegt darin, daß die Angehörigen der Unterschicht zwar ein Leben unter unwürdigen Umständen führen – von Krankheit, Armut und psychischen Schäden bedroht, daß dieses Leben aber immer noch, wenn auch nur wenig, besser ist als das, vor dem sie meist geflohen sind. Die große Wanderungsbewegung der Schwarzen in den Norden der USA nach dem Zweiten Weltkrieg wurde ausgelöst von deren verheerenden Lebensumständen, unter denen es nicht einmal für das Nötigste reichte: Wohnung, Kleidung, medizinische Versorgung. Dennoch mußten sie Schwerstarbeit auf der Farm und ausbeuterische Lebenshaltungskosten ertragen, hatten kaum Anspruch auf Schulbildung und kein Wahlrecht, und sie hatten unter zunehmender offener Diskriminierung zu leiden. Im Vergleich dazu bedeutete noch das erbärmlichste Leben in der Stadt eine Verbesserung. Ähnliches gilt für die Wanderungsbewegungen aus Puerto Rico und in jüngster Zeit aus Lateinamerika. Für die Betroffenen zählt nicht der Vergleich mit denen, die es besser haben, sondern mit der Situation, die sie zuvor ertragen mußten. Dieser Mechanismus hat fraglos eine beruhigende Wirkung auf die amerikanische Unterschicht ausgeübt und – wie auch in Europa – Sozialneid weitgehend verhindert. Selten genannte, aber nicht unwichtige Gründe für die geringe Wahlbeteiligung der Unterschicht ist die Tatsache, daß sie selbst meist nicht gewählt werden dürfen, oft gerade erst eingewandert sind oder sich illegal im Land aufhalten.

Wenn es auch in den städtischen Ballungszentren zwischen den sozialen Minderheiten in der Vergangenheit zu eruptiven Ausbrüchen von Gewalt gekommen ist, die ihren Höhepunkt mit den Tumulten in der zweiten Hälfte der 60er Jahre erreichten, so ist doch das eigentlich Erstaunliche, daß sich diese Klasse insgesamt so vergleichsweise ruhig verhält. Auf diesen Umstand sollte in Zukunft allerdings niemand mehr allzu sehr vertrauen. Er galt in der Vergangenheit, einer Phase des Übergangs von desolaten Lebensumständen in eine erhoffte Integration in den *american way of life* – wenn auch am unteren Ende von dessen Skala. Man lebte für die Perspektive der Kinder. Das ist nun vorbei, und deshalb sind wohl auch in Zukunft größere soziale Unruhen zu befürchten. Zu befürchten ist allerdings ebenfalls, daß kaum ein Angehöriger der zufriedenen Mehrheit auf ein solches Ereignis vorbereitet ist.

Es liegt nicht im Wesen der Politik, die kurzfristige Zufriedenheit der Wähler anstrebt, irgendeine unerfreuliche Entwicklung zu antizipieren oder gar voraussichtlichen Katastrophen gegenzusteuern. Eine dem sozialen Desaster vorbeugende Planung – mit dem Ziel, mehr Ausbildungsmöglichkeiten zu schaffen, Wohnungen bereitzustellen, eine zuverlässige Gesundheitsvorsorge anzubieten, eine fachkundige Behandlung der Drogenabhängigen sicherzustellen, Familienberatung und ausreichende Sozialhilfeleistungen zu gewähren – wird systematisch von der zufriedenen Wählermehrheit verhindert. Die vorherrschende Meinung dort ist: Die Unterschicht ist Herr über ihr eigenes Schicksal, also gewissermaßen ihres eigenen Glückes Schmied. Extremer ausgedrückt bedeutet das, je schärfer der Wind der Armut den davon Betroffenen ins Gesicht bläst, desto eher werden die versuchen, sich selbst aus ihrem Elend zu befreien. Sozialhilfe und andere soziale Unterstützung gelten da offenbar nur als hinderlich. Es darf bezweifelt werden, ob jene, die diese These so eifrig verbreiten, ihr auch wirklich Glauben schenken. Als Rechtfertigung der eigenen komfortablen Position scheint sie allemal tauglich.

4

Besteuerung und öffentliche Leistungen

Der perverse Effekt

Die Steuerpolitik spielt, wie man gesehen hat, in der Kultur des Zufriedenseins eine ausschlaggebende Rolle. Dies gilt insbesondere für die bereits erwähnte Barriere, die auch die Teilhaber an einem bescheidenen Wohlstand davon abhält, eine höhere Besteuerung der reichsten 20 Prozent der Bevölkerung zu verlangen. Wir haben gesehen, daß wir es hier mit einer an Kumpanei grenzenden Akzeptanz der Ungleichheit zu tun haben, die nur existiert, weil man meint, sich gegen das gemeinsame Übel schützen zu müssen, das ganz allgemein in höheren Steuern gesehen wird.

Die Besteuerung ist zu dem entscheidenden Instrument der Wirtschaftspolitik geworden. In den 30er Jahren und danach, also in den Tagen, als John Maynard Keynes seine größten Triumphe feierte, war man sich weitgehend darin einig, daß man im Falle einer drohenden Inflation die öffentlichen Ausgaben im möglichen Rahmen kürzen und die Steuern erhöhen müsse, um die Kaufkraft einzudämmen – oder, um es in ökonomischen Termini zu sagen, die Gesamtnachfrage zu dämpfen – um so den Druck auf die Märkte und den Preisauftrieb zu verringern. Umgekehrt sollten im Falle einer drohenden Rezession die Steuern gesenkt werden, um die Nachfrage zu steigern. Heute gehören derartige wirtschaftspolitische Leitlinien, wenngleich immer noch in vielen Lehrbüchern zitiert, in die Mottenkiste der Ökonomie. Angesichts einer Inflation die Steuern zu erhöhen, bedeutet das Risiko, daß sie später, wenn sie als wirtschaftspolitisches Steuerinstrument nicht mehr erforderlich sind, nicht wieder gesenkt werden. Und wie immer es auch theoretisch begründet werden mag, es ist und bleibt eben immer eine Steuererhöhung.

Heute steht im Mittelpunkt dessen, was die Ökonomen Wirtschaftspolitik nennen, nicht mehr die Steuer-, sondern die Geldpolitik – also Maßnahmen, die von der Zentralbank der Vereinigten Staaten ergriffen werden. Die Erhöhung der Zinssätze, so hofft man, wird die Inflation in Schach halten. In keinem Fall aber stellt sie eine Gefahr für die Männer und Frauen der wohlhabenden Schicht dar. Wer Geld genug hat, um es zu verleihen, kann dabei unterm Strich nur gewinnen. Eine Rezession hingegen läßt die Zinssätze heute nur noch sehr langsam zurückgehen. Vor allem aber ist wichtig: Es gibt keine Steuererhöhungen, die ja – wie gesagt – später doch nicht wieder ausgeglichen werden.

Geld- und Fiskalpolitik gelten heute in normaler wirtschaftlicher Lage als von gleichermaßen sozial und politisch neutraler Wirkung. Zur Debatte steht lediglich, die richtige Politik zum richtigen Zeitpunkt zu wählen und der jeweiligen Wirtschaftslage anzupassen. Dies aber ist ein gravierender Irrtum. Wie in keiner Volkswirtschaft ganz auszuschließen, so haben wir es auch hier mit einer höchst unangenehmen politischen Wirklichkeit zu tun, die nur hinter einer glänzenden Fassade verborgen bleibt. Die Tatsache nämlich, daß es heute als richtig gilt, sich ausschließlich auf Geldpolitik zu stützen und die Steuer- und Ausgabenpolitik als überholt zu betrachten, beruht einzig und allein auf der rigiden Ablehnung seitens der Gesellschaft der Zufriedenen gegenüber Steuern schlechthin. Was aus ihrer Sicht ja auch plausibel ist, analytisch betrachtet aber falsch.

Gegenüber der Besteuerung als wirtschaftspolitischem Instrument gibt es in der politischen Ökonomie der Zufriedenen einen noch massiveren Widerstand. Es besteht nämlich eine ausgeprägte Asymmetrie zwischen denen, die zahlen und denen, die nur etwas erhalten. Die öffentlichen Dienstleistungen werden überwiegend, wenn auch keineswegs vollständig, aus Steuern finanziert, die die Zufriedenen und Wohlhabenden zahlen. Nutznießer hingegen sind die »anderen«. So glauben die vom Schicksal Begünstigten und Privilegierten und vor allem aber jene, die aktiv am politischen Geschehen teilhaben, daß sie allein die staatlichen Leistungen bezahlen, mit denen die funktionale Unterschicht unterstützt wird. Also widersetzen sie sich. Aus dieser subjektiven Logik entsteht eine allgemeine Ablehnung gegen Steuerpolitik.

In den Vereinigten Staaten, wie in anderen Industrieländern auch, sind die Armen also in jeder Hinsicht allein auf den Staat angewiesen, wenn es darum geht, ihnen nur das mit öffentlichen Mitteln subventionierte Existenzminimum zu gewährleisten. In keinem der wirtschaftlich fortgeschrittenen Ländern sorgt etwa das Marktsystem dafür, daß Häuser gebaut werden, in denen arme Menschen sich Wohnungen leisten können. In den Vereinigten Staaten sind diese Menschen darüber hinaus noch abhängig von Lebensmittelzuschüssen, Sozialhilfe und Kindergeld. Ohne diese Maßnahmen wären die Armen vom Hungertod bedroht. Selbstverständlich versorgen die Gutverdienenden sich nicht nur mit Wohnungen, sondern, auch wenn das nicht so offensichtlich ist, wissen sie beispielsweise das Bildungssystem allein zum Vorteil ihrer Kinder zu nutzen. Sie schicken sie entweder auf die besser ausgestatteten Public Schools in den wohlhabenderen Vororten oder auf Privatschulen. Für die letzteren müssen die Wohlhabenden zweimal bezahlen. Eine ihrer einleuchtenden Reaktionen darauf war die Forderung, daß sie für den Besuch einer Privatschule ihrer Wahl eine Art Gutschrift als Gegenleistung für die Steuern erhalten, die sie entrichten, um die staatlichen Schulen zu unterhalten. Auf diese Weise wären sie der finanziellen Doppelbelastung für die Schulausbildung enthoben. Nun werden derartige Forderungen nie so drastisch formuliert. Wahlfreiheit, Freiheit, die vorausschauende Privatisierung von Staatsausgaben – dies sind die verbrämenden gebetsmühlenhaft wiederholten Begriffe, mit denen diese egoistische Politik gerechtfertigt wird.

Für eine solch verquere Beziehung zwischen Steuern und öffentlichem Leistungsangebot gibt es noch mehr Beispiele. Die armen Leute brauchen öffentliche Parks und andere Möglichkeiten, um sich zu erholen. In den reichen Vororten ist kaum jemand darauf angewiesen. Und die wirklich reichen Leute haben ihre privaten Clubs, ihre Golf- und Tennisplätze, auf denen sie sich entspannen. Arme Leute brauchen öffentliche Bibliotheken, die Wohlhabenden können sich Bücher kaufen, ja, sich ganze Bibliotheken einrichten. Viele der Armen leben im Zentrum der Städte, wo die überforderte Polizei mehr als alle Hände voll zu tun hat und Schutz deshalb nicht optimal gewährleisten kann. In den Vorstädten ist dieser Schutz weniger dringlich. Wenn es jedoch sein muß, steht denen, die dort bequem und angenehm leben, dieser Schutz jederzeit zur Verfügung. Und die wirklich Reichen wiederum haben ihre privaten Sicherheitskräfte, deren Zahl inzwischen übrigens die der staatlich angestellten Polizisten übertrifft. Die Bewohner der besseren städtischen Apartmenthäuser werden immerhin noch von Portiers und Alarmsystemen geschützt.[8] Auch wenn denen vielleicht das Martialische und damit Abschrekkende fehlt. Staatlich finanzierte Krankenhäuser und andere Gesundheitsdienste sind für die unteren Einkommensschichten unverzichtbar; die Wohlhabenden haben ihre Privatkliniken und ihre private Krankenversicherung. Auch gilt, wie für die Schulen, daß sie im Endeffekt sowohl für das öffentliche als auch für das private Gesundheitswesen zahlen müssen. Ein weiterer Grund für

[8] Robert B. Reich hat mit der ihm eigenen Akribie noch mehr solcher Beispiele herausgefunden. So ist er z. B. einem besonderen Arrangement auf die Spur gekommen, das die Stadt New York getroffen hat: In bestimmten Stadtvierteln werden dort die Straßen einer besonderen Reinigung unterzogen, damit die dort lebenden Bürger nicht den negativen Eindrücken und Folgen einer in der ganzen Stadt rückläufigen öffentlichen Hygiene ausgesetzt werden. Vgl. »Secession of the Successful«, The New York Times Magazin, 20. Januar 1991, übernommen aus The Work Nations: Preparing Ourselves for the 21st Century Capitalism (New York, Knopf 1991).

die weit verbreitete Einstellung gegenüber dem Fiskus im besonderen und dem Staat im allgemeinen. Die Wohlhabenden verfügen über eine politische Lobby, die Armen nicht. Warum sollten die Privilegierten bereit sein, etwas zu finanzieren, das nur anderen zugutekommt? Der Staat als Eintreiber und Verwalter der Steuergelder gilt den Wohlhabenden als funktionsloses Übel. Also muß der Einflußbereich dieses Staates ganz erheblich eingeschränkt werden, selbstredend auch seine Unterstützung durch Steuergelder, die allein ihn an der Macht halten. Sonst – so glauben die Etablierten – sei die Freiheit des Individuums in Gefahr.

Ergeben passen die Politiker sich dieser Stimmungslage an. Denn das Versprechen, die vielen sozial Schwachen besser zu versorgen, käme politischem Selbstmord gleich.

Normalerweise werden die Interessengegensätze zwischen denen, die mehr bekommen, aber weniger bezahlen und denen, die weniger brauchen, aber mehr bezahlen, kaum oder gar nicht erwähnt. Statt dessen stellt man dem Staat lieber eine vernichtende Diagnose: Angeblich ist er ineffizient, inkompetent und eine Gefahr für den Wohlstand und die Freiheit, kurz, ein gänzlich überflüssiges Übel, ein Moloch, der gewaltige Summen schluckt, die ihm von den Tüchtigen nachgeworfen werden.

Der Staat als mißtrauisch beäugter Verschwender, der seine eigentlichen Aufgaben nicht erfüllt. Schon der Reagen-Regierung war dieses Image bewußt, und so hat sie sich vehement gegen Steuererhöhungen gewehrt und sogar eine deutliche Senkung der Einkommenssteuer beschlossen. Damit wurde eines der wichtigsten Instrumente der Wirtschaftspolitik geschwächt. Auch Präsident Bush ist dem Beispiel seines Vorgängers auf der ganzen Linie gefolgt und hat dies auch mit aller Deutlichkeit vertreten. Von allen politischen Statements wurde sein Versprechen, während der Vorwahlen die Steuern nicht zu erhöhen, am häufigsten publiziert und am stärksten herausgestellt. Beide Männer haben mit Steuersenkungen gleichzeitig auch immer signalisiert, daß die von ihnen geführte Regierung sich dort sehr zurückhalten würde, wo die Interessen der Privilegierten betroffen sein könnten. Beide haben die deutliche Präferenz ihrer zufriedenen Wählermehrheit richtig interpretiert. Und so blieben Reagens Wähler loyal. Bush dagegen wurde sofort heftig kritisiert, als er 1990 – wenn auch minimalen – Steuererhöhungen zustimmte.

Die zufriedene Mehrheit leidet, sowohl hinsichtlich des Steueraufkommens als auch der Funktion des Staates, unter selektiver Wahrnehmung. Einige öffentliche Leistungen – etwa der Verteidigungsetat – werden gebilligt. In der Vergangenheit zählte auch der schon paranoide »Kampf gegen den Kommunismus« dazu. Und heute noch ist der politische Einfluß der Rüstungsindustrie ungebrochen.

Auch die groß angelegten Stützungsaktionen für die Spar- und Kreditinstitute und später für die in Schwierigkeiten geratenen Commercial Banks zählten zu den befürworteten Maßnahmen des Staates. Kaum jemand hat davon gesprochen, was dort wirklich geschehen ist: eine gigantische Gaunerei. Wären die Mittel, die der Staat für diese Auffangaktionen aufgewendet hat, statt dessen für Wohlfahrtsaufgaben eingesetzt worden, hätten sich die

Privilegierten heftig empört. Zusammenfassend kann gesagt werden: Öffentliche Dienstleistungen und Steuerpolitik haben für die zufriedene, wählende Mehrheit und für die Unterschicht eine geradezu gegensätzliche Funktion. Es ist genau dieser Unterschied, der die steuer- und fiskalpolitischen Maßnahmen der letzten Jahre bestimmt hat. Ein Teil der Gesellschaft zahlt Steuern und wählt; der andere Teil ist »Nutznießer« und wählt nicht. Es liegt im ureigensten Interesse der steuerzahlenden Schicht, daß Steuern gesenkt werden sollten und daß sie danach nicht wieder spürbar erhöht werden. Kürzungen in jenen Bereichen, die in erster Linie den Wohlhabenden zugutekommen, sind dagegen verfemt. Ergebnis der Steuersenkungen ohne entsprechende Ausgabenkürzungen war selbstverständlich ein großes und anhaltendes Defizit im Staatssäckel, das nur über eine zusätzliche staatliche Kreditaufnahme aufgefangen werden konnte. Damit sind die notwendigen Ausgaben für den Kapitaldienst ebenso gemeint wie die Folgen hoher Realzinsen auf die Produktivität der Industrie. Aber langfristige Konsequenzen werden in der Kultur des Zufriedenseins ja grundsätzlich nicht beachtet.

Die Reagan- und Bush-Regierungen sind für ihre hier beschriebene Politik selbstverständlich auch kritisiert worden: für die Kürzung des Wohlfahrtsetats, die Steuerbegünstigungen der Reichen und den Widerstand dagegen, mit Steuererhöhungen das Haushaltsdefizit auszugleichen. Jeder dieser Faktoren hatte verheerende Folgen für die sozial Schwachen. Jeder dieser Faktoren hat nicht nur das wirtschaftliche Fundament auf breiter Front beschädigt, sondern war auch unter politischen Aspekten unklug.[9] Das ausgeklügelte Kalkül, auf dem diese Politik seitens ihrer Macher beruht, ist nie richtig diskutiert worden.

Die Administratoren entsprechen in vorauseilendem Gehorsam der wählenden Mehrheit. Sie etablieren damit einen Demokratiebegriff, der die vom Schicksal weniger Begünstigten ausgrenzt. All das ist wenig überraschend. Dennoch werden wir nicht darum herumkommen, uns die Folgen eines krassen sozialen Egoismus klar vor Augen zu führen.

[9] Vgl. hierzu z. B. die interessante und in vieler Hinsicht beunruhigende Arbeit von Kevin Phillips, »The Politics of Rich and Poor: Wealth and the American Electorate in the Reagan Aftermath (New York: Random House, 1990).

5

Die amtliche Lizenz für die finanzielle Katastrophe

In dieser Welt wird jeder Unsinn, den die Reichen erzählen, gern zur Weisheit erhoben.

Ein zentrales Element der Ökonomie des Zufriedenseins ist ihre generelle Bindung an das Prinzip des Laisser-faire. Nun ist dies kein Naturgesetz. Es ist vielmehr eine Verhaltensweise, eine Weltanschauung oder Lebensart, derzufolge es in der Natur der Dinge liegt, daß sich auf lange Sicht alles zum besten wenden wird. Insbesondere gilt dies für Wirtschaftsfragen. Es gibt keine kurzfristig eintretenden Ereignisse, die langfristig Schaden anrichten. Die kontrollierende oder stützende Intervention des Staates ist notwendig. Aber nur, wenn sie etwa den Banken oder bestimmten Unternehmenssparten zum Vorteil gereicht... oder der Landesverteidigung. Alle anderen Maßnahmen sind von Übel. Kurzfristig schlechte Erfahrungen, Warnsignale oder negative Prognosen, ganz gleich, welche Argumente auch dafür sprechen mögen, werden grundsätzlich ignoriert. Dies ist die wenig präzise Form eines Glaubensbekenntnisses.

Das entsprechende Instrument, mit dem das soziale Gefüge gesteuert wird, ist, wir können es schon auswendig herbeten, der Markt. Wollte der Staat hier eingreifen, würde er – so hören wir allenthalben – die Grundlage zerstören, auf der Sozialleistungen erst möglich sind. Mit dem Argument des Marktes wird die im vorigen Abschnitt beschriebene Verhaltens- und Lebensweise zur offiziellen Doktrin.

Daß der Markt das soziale Gefüge aber eben nicht optimal steuert, ist nun in der Ökonomie eigentlich eine Binsenweisheit. Dafür sorgen schon Monopole und andere Faktoren der Wettbewerbsverzerrung. Aber das wird ebenso hingenommen wie die offensichtlich ungleichgewichtige Machtverteilung zwischen Arbeitgebern und Arbeitnehmern und die systembedingte, hanebüchen ungleiche Einkommensverteilung. Ein sehr großer Teil moderner wirtschaftswissenschaftlicher Statements ignoriert die soziale Unausgewogenheit der Marktwirtschaft gnadenlos. Auch in politischen Debatten kommt sie kaum vor. Nur staatliche Programme – also etwa Altersversorgung, Arbeitslosengeld, öffentliche Gesundheitsversorgung, Anti-Trust-Gesetzgebung, sozialer Wohnungsbau, Umwelt- und Verbraucherschutz, progressive Gestaltung der Einkommensbesteuerung und die Unterstützung seitens der Gewerkschaften – haben dazu beigetragen, daß die Ungerechtigkeiten des Systems gemildert wurden. Gleichzeitig haben sie dafür gesorgt, daß der Kapitalismus überleben konnte. Die aber, in deren Interesse das Überleben des Kapitalismus doch eigentlich liegen müßte, haben soziale Maßnahmen stets am heftigsten bekämpft. Sie haben offenbar nicht begriffen, daß Revolutionen nur vermeidbar sind, wenn die Hebelwirkung des Marktes gemildert wird. Diese Haltung ist ebenso dumm wie leider üblich.

Dies ist wohl der Kern der zum Thema Marktwirtschaft geführten Debatte. Beide Seiten, jene, die die Erweiterung des Sozialbereichs befürworten und jene, die sie bekämpfen, können für sich in Anspruch nehmen, das System zu stützen. Diese Einigkeit hört dort auf, wo argumentiert wird, unser Wirtschaftssystem neige dazu, sich selbst zu zerstören: Das allseits akzeptierte Laissez-faire setzt Kräfte frei, die genau die Institutionen des Marktes beschädigen oder sogar zerstören, auf denen er beruht: Dazu gehören die Unternehmen, die mit ihren Käufen, Verkäufen und finanziellen Transaktionen den Begriff Markt überhaupt erst mit Inhalt füllen, ja definieren. Das ist eine wirklich auffällige Entwicklung im modernen Kapitalismus: Seine Zerstörung findet über die großen Konzerne statt, die nicht mehr vom Eigentümer selbst, sondern von einem vielköpfigen Management geführt werden. Diese Zerstörung ist während der Jahre, in denen kurzfristig zu erreichender Wohlstand *das* Ziel der Zufriedenen war, besonders bedrohlich fortgeschritten. Es handelt sich dabei um das Charakteristikum eines kontrolliert verlaufenden marktwirtschaftlichen Systems. Kaum jemand aber nimmt diesen Mechanismus zur Kenntnis. Obwohl das Phänomen in der ökonomischen Literatur oft beschrieben worden ist, wird es immer noch in erster Linie als vorübergehend angesehen und nicht als etwas, das im inneren Zusammenhang mit dem System selbst stände.

Die Tendenz zur Selbstzerstörung im modernen Kapitalismus beginnt also mit der Politik der großen Unternehmen. Lange ging man davon aus, daß es unausweichlich sei, die wirkliche Macht von den Eigentümern oder

Aktionären auf das Management zu übertragen. Die Aktionäre aber sind zahlreich und weit verstreut; die Stimme des einzelnen zählt, wenn überhaupt, wenig. Dem einzelnen Aktionär fehlt es an Kenntnis der Sachlage, um differenzierte und komplexe Zusammenhänge begreifen zu können. Wo die Macht wirklich liegt, wird deutlich, wenn man sich vor Augen hält, daß die Manager selbst die jeweiligen Mitglieder des Direktoriums auswählen, das dann angeblich die Interessen der Aktionäre vertritt. Schon in den 30er und 40er Jahren haben herausragende Köpfe, unter ihnen sogar ein ausgesprochen Konservativer, die Machtlosigkeit der Aktionäre und die Macht der Manager beschrieben.[10]

Aus dem hier Gesagten ergibt sich die grundsätzliche Anomalie großer Unternehmen im marktwirtschaftlichen System. In allen Wirtschaftstheorien wird angenommen, daß Gewinnmaximierung oberstes Ziel einer Unternehmungsführung sei, der Daseinszweck des Unternehmens. Indem der Unternehmer die Gewinnmaximierung verfolgt, und, um es mit den Worten Adam Smith' zu sagen, nicht etwa wegen anderer Interessen, dient es auch dem öffentlichen Interesse. Die Grundannahme, unangefochten wie ein religiöses Dogma, ist die, Gewinnmaximierung würde zugunsten der Eigentümer, der Aktionäre, der Kapitalisten betrieben.

[10] Die hervorragende Arbeit stammt von Adolf A. Berle, Jr. und Gardener C. Means, »The Modern Corporation and Private Property« (New York, Commerce Clearing House, 1931). James Burnham, ein aufrechter und unbeugsamer Konservativer, bestätigt die dominierende Rolle des Managements in seinem Buch »The Managerial Revolution; What is Happening in the World« (New York: John Day, 1941).

Aber genau hier liegt der entscheidende Denkfehler. Unterstellt wird nämlich, das Management würde ungeachtet seiner Machtfülle seine eigenen Interessen denen der Aktionäre unterordnen. Sowohl die Annahme, Gewinnmaximierung sei das oberste Ziel als auch die Vorstellung, das Management ordnete seine eigenen Interessen diesem Ziel unter, sind in der Theorie vom Wesen eines gut geführten Unternehmens gewissermaßen sakrosankt.

Tatsächlich aber muß man von einem starken Eigeninteresse der Manager als Triebfeder und Motiv ihres Handelns ausgehen. Nachdem sie sich der Kontrolle der Aktionäre entzogen hatten, sind sie zunehmend daran gegangen, ihren eigenen Gewinn zu maximieren. Seine Einkünfte erhöht hat das Management in Form von steigenden Gehältern, Bezugsrechten auf neue Aktien, Pensionszuschlägen, »Nebeneinkünften«, die die Firma außerordentlich teuer bezahlen muß, wie etwa das eigene Flugzeug oder – mehr erdgebunden – umfangreiche Spesenkonten, oder all jene Formen von vergoldeten Fallschirmen, die einem für den Fall, daß man seinen Posten verlieren sollte, eine sichere und sanfte Landung garantieren.[11] Im Jahre 1980 hatten die Chefs der drei größten

[11] All dies ist detailliert und in voller Länge in einem kleinen »Klassiker« des Zeitalters des Zufriedenseins aufgeführt, »Barbarians at the Gate. The Fall of R.J.R. Nabisco« (New York: Harper & Row, 1990) von Brian Burrough und John Helyar. Deutsch: Die Nabisco-Story. Ein Unternehmen wird geplündert, Berlin: Ullstein, 1991). Unter den üppigen Nebeneinnahmen, die für den Vorstand bei der Übernahme von R.J.R. Nabisco auf dem Spiele standen, befand sich eine komplette Flotte von Düsenflugzeugen für Vorstandsmitglieder – Air Force ge-

amerikanischen Unternehmen Einkommen, die schon 29 mal höher waren als das Durchschnittseinkommen eines Fabrikarbeiters. Zehn Jahre später waren die Einkommen dieser Top-Unternehmensleiter bereits 93 mal höher. Das Durchschnittseinkommen der amerikanischen Arbeitnehmer sank dagegen in diesem Jahr geringfügig.[12]

Diese großzügige Art der Selbstentlohnung, Prestige und Macht des Managements, haben dafür gesorgt, daß nun jene heimlich aufmerksam wurden, die gern selbst in den Genuß all dieser Annehmlichkeiten gekommen wären. Und so ist es zu den zwei wohl spektakulärsten Entwicklungen im Wirtschaftsgefüge der 80er Jahre gekommen: Den »corporate raids«, wie sie genannt wurden, um die Macht und die Einkünfte des Managements zu erlangen und den Management-Buy-Outs, mit dem das Management versuchte, seine Position und sein Einkommen vorsorglich abzusichern. Beides wurde auf ähn-

nannt – mit einer vollständigen, unternehmenseigenen Hangaranlage.

1991 haben zwei der führenden Wirtschaftsmagazine, Forbes und Fortune, die wachsenden Vergütungen von Unternehmensvorständen unter die Lupe genommen und – im Falle von Forbes – besonders kritisiert. Besonders schmerzlich waren die Berichte für Fortune selbst, das als den größten Fall von persönlicher Gewinnmaximierung das Jahreseinkommen 1990 von Steven J. Ross mit 39 060 000 Dollar angab. Ross ist Vorstandsvorsitzender von Time Warner, und unter anderem gehört ihm das Fortune-Magazin. Auch der zweite Boss derselben Firma, Nicolas J. Nicolas, kassierte in dem Jahr noch ein Einkommen von vielen, vielen Millionen Dollar. Gut 258 von 800 Unternehmenschefs aus anderen Firmen konnten Jahreseinkommen von über 1 Million Dollar erzielen und geben damit dem Wort Millionär eine neue Bedeutung.

[12] Benjamin M. Friedman, »Reagin lives!« New York Review of Books, 20. Dezember, 1990.

liche Weise durchgezogen: Man lieh sich Geld mit der Bürgschaft des von einem selbst gemanagten Unternehmens im Hintergrund, um Aktien von den bis dahin passiven und schwachen Aktionären zu erwerben.

Man kann sich nur schwer eine Konstruktion vorstellen, die unter ökonomischen und sozialen Aspekten verheerender wäre. Beide Spielarten führten dazu, daß die Unternehmen sich hoch verschuldeten; fällige Zinszahlungen für diese Finanzakrobatik hatten selbstverständlich Priorität gegenüber Investitionen in neue und verbesserte Fertigungsanlagen, neue Produkte oder in Forschung und Entwicklung. Dem wohl ungeheuerlichsten aller gewinnbringenden Selbstbedienungs-Buy-Outs, dem vorher erwähnten Fall der R.J.R. Nabisco im Jahr 1989, folgten schwere Verluste im darauffolgenden Rechnungsjahr und eine massive Beschneidung der Investitionsausgaben im Jahr 1990.[13]

Ein kanadischer Finanzabenteurer namens Robert Campeau ist in einige der größten und erfolgreichsten amerikanischen Einzelhandelsketten (dazu gehören Bloomingdale's und Federated Department Stores), eingestiegen. Dann hat er sie in den Bankrott geführt, und inzwischen ist es sogar zweifelhaft, ob überhaupt Mittel aufzutreiben sind, mit denen in Zukunft Ware eingekauft werden kann.

Nach einer Übernahme oder einem Buy-Out kam es oft zu erzwungenen Verkäufen einzelner Unternehmenssparten. Und oft waren es die profitabelsten Teile, die

[13] The New York Times, 6. Februar 1990. Die Geschichte dieses Irrsinns ist in voller Länge in »Barbarians at the Gate« abgedruckt.

Filetstücke, mit deren Erlösen Schulden getilgt und Zinszahlungen geleistet werden mußten. Die hohe Zinsbelastung machte die Unternehmen anfällig gegenüber schwankenden Marktsegmenten oder allgemeinen Gewinneinbrüchen. Auch gab es hohe Gewinneinbußen durch mit dem eigentlichen Geschäft in keinem Zusammenhang stehende Kosten für Versicherung, Rechts- und Finanzberatung.[14]

Das vielleicht schlimmste Beispiel für ruinöse Unternehmenspolitik stellen wohl die amerikanischen Fluggesellschaften dar. Hier hat die krankhafte Mode alles zu deregulieren und das geradezu sektiererische Vertrauen auf die Marktkräfte in einer Branche, die öffentliche Dienstleistungen anbot, und in der daher Regulierung völlig normal ist, in Verbindung mit Corparate Raiding und Leveraged Buy Outs, in ganz gehörigem Maße zu der Katastrophe beigetragen. Ergebnis der desaströsen Unternehmensführung waren hohe Verschuldung, Bankrott

[14] Wenn auch R.J.R. Nabisco wohl das am häufigsten genannte Beispiel für den Wahnsinn einer Unternehmensübernahme durch ein Management-Buy-Out war, dürfte der wohl klassische Fall für die bewußte Zerstörung eines Unternehmens die Übernahme von Burlington Industries, dem großen Textilkonzern, durch Morgan Stanley & Compay, einer erzkonservativen Investmentbank sein. Morgan Stanley entnahm in Form von Honoraren und speziellen Dividenden aus der Firma Burlington geschätzte 176 Millionen Dollar und ließ das Unternehmen unter einer enormen Schuldenlast zurück. »Einige der Kernbereiche wie die Forschungsabteilung ... waren unter Kostensenkungsaspekten in kleinste Teile zerschlagen worden«, und zurück blieben Junkbonds mit einem Handelswert, der nur einen Teil ihres ursprünglichen Wertes ausmachte. »The Wall Street Journal« (14. Dezember 1990) beschäftigt sich in aller Ausführlichkeit mit diesem Fall. Alle Faktoren, die hier zitiert werden, beziehen sich auf diesen Bericht.

mehrerer großer Gesellschaften, bei Eastern Airlines und PanAm ein chaotisches Durcheinander von Preisen und Flugrouten und mangelhafter Einsatz von veraltetem Fluggerät. Auf dem Schlachtfeld zurück blieb, wen überrascht das noch, ein ausbeuterisches Monopol, das jene bilden, die den Kampf überlebt haben. Auch die Manie des »Mergers and Acquisitions« hatte miese Folgen.

Dazu gehört ein ökonomisch völlig unfruchtbarer Bereich, an dem jene verdienen, die mit Insiderinformationen auf die Offerten für bestimmte Aktien handeln. In manch einem Fall hat das zu vielleicht ganz heilsamen Verlusten geführt, wenn die Aussicht auf hohe Gewinne allzu verführerisch war. Dies gilt prinzipiell für die besonders riskanten, hochverzinsten Junkbonds, die all diese Operationen finanzierten und die schließlich, wenn sich das ganze Ausmaß des Irrtums herausstellte, nur noch mit großen Abschlägen eingelöst, wenn nicht die Rückzahlungen ganz und gar verweigert wurden. Diese Verluste hatten auch Konsequenzen für produktive Investitionen und – am Rande betrachtet – für die Verbraucher und das Funktionieren der Wirtschaft insgesamt. Bei all dem wurden die mental Labilen, die man zu anderen Zeiten zutreffender als Narren bezeichnet hat, um ihr Geld gebracht.

Angesichts der Struktur der großen Unternehmen und vor dem Hintergrund der Gewinnmaximierung geschah dies alles folgerichtig. Und es geschah im Zeichen des Laissez-faire und der Marktwirtschaft, die ja jede Fehlentwicklung rechtfertigt.

Gesetzgeberische und politische Maßnahmen, die den Schaden begrenzen sollten, also etwa die Hearings anläßlich einer Erlaubnis der Kartellbehörde für groß angelegte Entschuldigungsaktionen, verliefen unter Ausschluß der Öffentlichkeit. Aber selbst wenn sie in der Öffentlichkeit registriert worden wären, hätten sie nur Widerstand provoziert. Denn das System des freien Unternehmertums behält sich ganz allein das Recht vor, sich selbst zu zerstören. Die »Mergers und Acquisitions-Manie« war ohne Zweifel die auffälligste Form der Selbstzerstörung in der Kultur des Zufriedenseins. Dennoch wurde dieses Drama noch zwei weitere Male aufgeführt.

Die erste Aufführung zeigte eine Immobilienspekulation in den 80er Jahren, deren Ziel zunächst Büroraum in den Cities war. Dann aber ging es auch um Luxuswohnraum, insbesondere Anwesen in teuren Vororten und Erholungsgebieten, und schließlich die architektonisch fragwürdigen Wolkenkratzer in New York City und die scheußlichen Spielcasinos in Atlantic City.

Dieser vermeintlichen unternehmerischen Innovation und Weitsicht, der vorgeblichen Initiative und Risikobereitschaft, wurde extrem laut Beifall geklatscht. Bei einem dieser Helden, Donald Trump, war schwer zu entscheiden, ob sein Publikum ihn mehr beweihräucherte oder er sich selbst. Nach eigener Einschätzung war er jedenfalls die eindrucksvollste Figur im Wirtschaftsleben jener Tage.

Auf allgemeine Bewunderung stieß auch das Geschäftsgebaren der großen Banken. Die Kredite, um die es hier ging, waren außerordentlich hoch und mit besonderen Risiken behaftet. Und wohl deshalb wurden sie, wie es heute offenbar der Art und Logik des modernen Banking entspricht, mit wenig Sorgfalt und Diskretion behandelt. Sicherheiten, die ein kleiner Kreditnehmer seiner Bank bieten kann, werden üblicherweise mit unbarmherziger Sorgfalt bis ins kleinste geprüft. Die Forderungen der großen Kreditnehmer sind dagegen schwindelerregend. Offenbar hat sich die Meinung durchgesetzt, wer enorme Summen bewege, verfüge automatisch auch über enorme Intelligenz. Hohe Kredite von einer Million oder auch 100 Millionen werden den Kreditnehmern beinahe nachgeworfen, weil man davon ausgeht, es mit Finanzgenies zu tun zu haben, die man nicht mit der Lage völlig unangemessenen Überprüfungen belästigen sollte. Verhandelt wird dabei grundsätzlich nur unter Chefs. Und da wird ein »normaler« Mitarbeiter es kaum wagen, die oben getroffene Entscheidung offen anzuzweifeln, auch wenn er vielleicht den besseren Durchblick hat. Logische Folge davon ist, daß die schwersten Fehler im Bankwesen von Topmanagern der Banken gemacht werden. So war es auch bei dem großen Immobilienboom im Zeitalter des Zufriedenseins.

Der selbstzerstörerische Charakter des Systems war hier, wenn auch vielleicht weniger deutlich als im Falle der Manie mit den »Mergers and Aquisitions« und der Buy-Out-Manie, von größerer gesamtwirtschaftlicher Wirkung. Riesige Flächen wurden mit gewerblichem Wohnraum bebaut, der dann aber ungenutzt blieb. Die Immobilienhaie und Bauspekulanten hatten an eine nahezu unbegrenzte Nachfrage geglaubt. Und selbst große und renommierte Banken wurden von dem Strudel der unsoliden Finanzierung mitgerissen. Ein Mechanismus, der dann durch rigide Kreditkürzungen aufgefangen werden sollte, statt dessen aber die Bauindustrie ins Trudeln brachte und viele Arbeitsplätze kostete. Die Folge war eine allgemeine Rezession. Jede rechtzeitige Warnung vor dem, was sich absehbar ereignen würde, wäre aber ausgeschlagen worden, weil sie wiederum nur Angriff auf die sakrosankten Regeln des Laissez-faire und als gezielter Eingriff in das marktwirtschaftliche System betrachtet worden wäre. Als Ausnahme, die die Regel bestätigt, erhielten die Banken nun eine entsprechende staatliche Bürgschaft. Die staatliche Versicherung von Bankeinlagen – kein geringer Beitrag zum Zufriedensein der Zufriedenen – war ebenso zulässig wie die Garantie, eine Bank dann vor dem Konkurs zu retten, wenn sie nur groß genug war. Daß der Staat der absehbaren Katastrophe vorgebeugt hätte, war nicht erwünscht, als Retter in letzter Not war er dagegen hochwillkommen.

In einer Linie mit den Immobilien- und Bankenskandalen stand ein Ereignis, das für finanzielle Achterbahnfahrten im Land steht und in der Öffentlichkeit heiß diskutiert wurde: Der Zusammenbruch der Spar- und Kreditvereine oder, wie es im Volksmund hieß: der S+L-Skandal. Dieser Skandal, nicht zuletzt ein Ergebnis der 80er-Jahre-Politik, hat sich am Ende des Jahrzehnts als das kostspieligste Unterfangen entpuppt, das jemals und unter krimineller Beteiligung des Staates, unter bewußter Mißachtung der Gesetze und unter Vorgängen abgelaufen ist, die man nur als staatlich sanktionierten Diebstahl bezeichnen kann.

Und wieder lag der Katastrophe das Prinzip des Laissez-faire zugrunde, verbunden mit dem Glauben an die soziale Funktion und Heilkraft des marktwirtschaftlichen Systems. Die kurzfristige Einschätzung der Lage hatte

Vorrang gegenüber den absehbaren und dann irreparablen späteren Folgen.
Nachdem diese Folgen dann eingetreten waren, intervenierte der Staat und erließ neue Gesetze.

Im vergangenen Jahr spielten die Spar- und Kreditvereine, die unter den unterschiedlichsten Namen firmierten, in der amerikanischen Volkswirtschaft eine kleine, aber feine und weitgehend unbeachtete Rolle. Sie sammelten in den ländlichen Gemeinden die Ersparnisse als Einlagen ein und stellten sie in Form von Baudarlehen zur Verfügung. Die Regulierung der Spar- und Kreditzinsen wurde ebenso streng gehandhabt wie die Bedingungen, unter denen Kredite überhaupt vergeben werden durften. Eine doppelte Kontrolle: durch die Bundesstaaten einerseits und die Bundesregierung andererseits. Hausbesitz galt als förderungswürdiges soziales Gut, und deshalb wurden die S&Ls vom Staat in Form einer bescheidenen staatlichen Garantie für ihre Geldeinlagen unterstützt.

Mit dem Zeitalter des Zufriedenseins erlebte das Prinzip des Laissez-faire eine neue Blüte. Marktwirtschaftliches System und Deregulierung hießen die heißen Trends. Die Commercial Banks, die einst von der Deregulierung ausgespart waren, haben sofort massiv ihre Habenzinsen erhöht, was bedeutete, daß die nun gleichfalls deregulierten Spar- und Kreditvereine (S&L), wenn sie im Wettbewerb bestehen wollten, ihren Anlegern noch höhere Zinsen gewähren mußten. Diese höheren Zinszahlungen mußten jedoch mit den niedrigen Zinssätzen in Einklang gebracht werden, die für früher in großem Umfang vergebene Hypothekendarlehen hereinkamen. Gelöst wurde dieses Problem auf eine äußerst unseriöse und nicht gerade intelligente Weise: Die S&Ls durften Zinssätze auf die versicherten Einlagen festsetzen und dann ihr Kreditgeschäft über die Kredite hinaus auf alle möglichen und denkbaren Investmentbereiche ausdehnen. Im Vertrauen auf dieses Prinzip wurde auch die staatliche Bürgschaft nicht beschnitten, um die Zufriedenen und Wohlhabenden nicht zu verprellen. Statt dessen wurde die einstmals moderate Versicherung der Einlagen durch die Bundesregierung auf eine Summe von 100 000 Dollar für jedes Einlagenkonto bei den S&Ls ausgeweitet. Die selektive Wahrnehmung von der Rolle, die der Staat in dieser Gesellschaft zu spielen habe, wurde niemals deutlicher als hier.

Für fast alle Erosionen, die ich hier beschreibe, wurde die Grundlage in den frühen 80er Jahren gelegt, zum Teil sogar gesetzlich verankert. Damit war eine Möglichkeit für den wohl verbrecherischsten und leichtfertigsten Zugriff auf in ihrem Kern öffentliche Mittel geschaffen, den es je in der Geschichte dieses Staates gegeben hat. Die staatlich garantierten Einlagen wurden mit der ganzen Reputation und Kreditwürdigkeit des Staates im Rücken kreuz und quer im ganzen Land vermakelt, und zwar mit dem einzigen Ziel der höchsten Rentabilität. Zinsen aber, die entsprechende Kapitalerträge garantierten, wurden meist von recht fragwürdigen Organisationen angeboten. Die waren nämlich nur zu dem Zweck gegründet worden, sich eben diese Mittel auf räuberische Weise anzueignen. Irgendwelche Korrekturmaßnahmen, mit denen man diese Entwicklung hätte aufhalten können, wurden – wie könnte es anders sein – mit dem Hinweis abgelehnt, sie widersprächen dem allgemein akzeptierten Grundsatz der Deregulierung.[15]

Wer noch – wenn auch nur bruchstückhaft und ineffizient – Regulierungen unterworfen war, brachte seinen Fall vor den Kongreß. Das blieb nicht ohne Erfolg. Denn auf diese Weise wurden die Mittel aus den staatlich garantierten Einlagen dem Staat wieder zugeführt. Im Kongreß fand nun ein Wettlauf statt, dessen Ziel es war, sich auf diesem Wege die perverse Möglichkeit zu erschließen, mit öffentlichen Mitteln Wahlkampagnen zu finanzieren.

In den späten 80er Jahren platzte das ganze S&L-Geschäft mit einem lauten Knall. Vielleicht zum ersten Mal konnten die Leitlinien staatlichen Handelns im Zeitalter des Zufriedenseins in so krasser Form entlarvt werden. Der Schaden betrug etwa 2000 Dollar pro Kopf eines jeden Amerikaners. Eine ganz eindrucksvolle Summe. Weit weniger eindrucksvoll waren offenbar die Warnzeichen, die das Debakel angekündigt haben. Als wichtigste Ursache hat sich wiederum die Bereitschaft zum Laissez-faire herausgestellt, gefolgt von der unangefochtenen Zustimmung zum marktwirtschaftlichen Prinzip, die zur Deregulierung dieses Marktes geführt hat. Aber auch die selektive Wahrnehmung, mit der die freie Marktwirtschaft betrachtet wird, hat hier wieder ihre verhängnis-

[15] Diese Unvereinbarkeit wurde vom Finanzminister Donald Reagan, der eine entscheidende Rolle in diesem Debakel gespielt hat, ausdrücklich hervorgehoben. Durch diesen Dienst, wie aber auch später durch seine Tätigkeit im Weißen Haus, dürfte Mr. Reagan zu einer der teuersten politischen Figuren unserer Zeit geworden sein.

volle Rolle gespielt. Soweit die Kultur des Zufriedenseins bedroht war, hatte der Staat die Verluste zu kompensieren. Denn es standen die Interessen des eigenen Lagers auf dem Spiel. Der gesamte S&L-Skandal zeigt, nach welchen Grundsätzen die Kultur des Zufriedenseins funktioniert. Eine eindrucksvolle, vor allem aber höchst kostspielige Demonstration.

6

Das Bürokratiesyndrom

Denken ist für viele harte Arbeit, deshalb wird es häufig auch mit hohen Gehältern belohnt. Es wird aber bedauerlicherweise auch delegiert.

Im ausgehenden 20. Jahrhundert ist die große, komplexe und vielschichtig organisierte Firma die Quelle alltäglicher Innovationen. Innovative Veränderungen sind nur noch äußerst selten Produkt eines einzelnen scharfsinnigen Geistes. Im Normalfall sind Innovationen Ergebnis einer gemeinschaftlichen Anstrengung von kompetenten Spezialisten, von denen jeder ein bestimmtes Fachgebiet beherrscht. Da ökonomische und politische Zusammenhänge immer komplexer werden, verlangen entsprechende Problemlösungen auch mehr Spezialwissen, wobei es selbstverständlich wichtig ist, daß die Vertreter der einzelnen Fachgebiete das gemeinsame Ziel nicht aus den Augen verlieren. Aus der Notwendigkeit heraus, unterschiedliche Talente und Ausbildungsebenen dennoch sachgerecht aufeinander abzustimmen, entsteht der Bedarf nach Koordination, also nach Führung. Know how und Leistung bestimmen deshalb ganz erheblich die Machtstruktur in einem Unternehmen. Moderne Organisationen – egal ob Firma oder Behörde – bilden eine Art Intelligenzpool: Die Summe der Leistungen verleiht eine

Autorität, die bis zu einem gewissen Grade von den Fähigkeiten der Führungskräfte unabhängig macht. Ja, häufig ist die internale Intelligenz und Autorität der individuellen Intelligenz und Autorität des jeweiligen Topmanagers überlegen. Diesen letzten Punkt darf man in keinem Fall übersehen. Die Macht, die einem als unerfahrenem Kabinettsmitglied zufließt oder die Macht, über die der Chef eines Unternehmens verfügt, der nun für seine ordentliche und disziplinierte Arbeit in den unteren Rängen belohnt wird, ist oft gar nicht so groß wie manch einer glaubt. Es kann nicht überraschen, daß die Zusammenarbeit in großen Organisationen auch davon gesteuert wird, daß jeder einzelne seinen persönlichen Interessen und Zielen folgt. Dabei ist zweierlei zu beobachten: Eigenständige, von der Mehrheitsmeinung abweichende Gedanken werden selten honoriert, sondern eher bestraft. Zum anderen existiert das unausrottbare Vorurteil, wonach die Bürokratie in großen Privatgesellschaften sich von der in großen öffentlichen Organisationen erheblich unterscheidet. In der Kultur des Zufriedenseins gelten private Unternehmen als effizient und dynamisch, öffentliche als schwerfällig, inkompetent und ignorant.

In jeder großen Organisation muß das Bewußtsein dafür gut entwickelt sein, was wichtigstes Ziel der gemeinsamen Arbeit sein soll. In der großen modernen Unternehmung nennt man dies das Unternehmensziel, in öffentlichen Organisationen die Leitlinien der Regierungs- oder Ressortpolitik. »Wir werden in diesem Jahr große, etwas weniger Sprit verbrauchende Autos bauen; das ist genau das, was der amerikanische Verbraucher verlangt.« Es mag ja sein, daß die Bedrohung durch den Kommunismus nicht länger existiert, aber unsere Politik wird auch weiter starke Verteidigungsanstrengungen verlangen. Individuelle Zufriedenheit hängt nun in starkem Maße davon ab, inwieweit diese offiziell vorgegebenen Ziele akzeptiert werden. Widerspruch und abweichende Meinungen sind dabei mit den unverzichtbaren Anstrengungen für den gemeinsamen Erfolg nicht vereinbar. Wer eine solche Politik kritisch analysiert, rüttelt deshalb an den Grundfesten gemeinsam erbrachter und organisierter Leistung. Die erste Forderung lautet: reibungslose Teamarbeit, ganz gleich, ob in einem privaten Unternehmen, in der Politik oder in einer Fußballmannschaft. Genau dieser Weg ist es nun auch, der zu persönlichem Wohlstand führt. Schon Tolstoi sagte, daß es nur wenige Dinge im Leben gebe, die so unstrittig seien, wie die Tatsache, daß man sich selbst dem Regiment anderer unterstellen müsse. Ideen und Verhaltensweisen, die den sozialen Konsens am Arbeitsplatz beschädigen, haben desaströse Folgen. Eigenwilligkeit wirkt sich auf Karrierechancen und damit auch auf die Einkommensperspektiven verheerend aus, nach dem allseits akzeptierten Motto: »Das mag ja ein ganz intelligenter Kerl sein, aber er ist nicht kooperativ.«

Doch damit nicht genug. Es gehört zur menschlichen Eitelkeit zu glauben, es müsse automatisch belohnt werden, wenn wir unseren Verstand anstrengen. Die meisten Menschen vermeiden es aber eher, ihren Verstand selbständig zu gebrauchen. Wer in einer großen Organisation arbeitet, fühlt sich auch stark den dort etablierten Anschauungen und Verhaltensweisen verpflichtet. Dies führt in aller Regel dazu, daß Karriere macht, wer eigenständiges Denken aufgibt und sich ganz der Politik der Organisation unterordnet. Diese Unterwerfungshaltung führt garantiert dazu, daß die Harmonie in der Organisation erhalten bleibt; sie ist von zentraler Bedeutung dafür, daß die Kultur des Zufriedenseins weiterhin existiert, und deshalb für eine Karriere unverzichtbar. Dieser Typ des Mitarbeiters ist grundsätzlich zufrieden und glücklich mit dem, was ist und wie es ist. Da diese Grundhaltung auch sein Privatleben bestimmt, prägt sie auch seine Einstellung gegenüber öffentlichen Belangen. Soziale Defizite, ja Gefahren werden nur indifferent wahrgenommen oder sogar bewußt akzeptiert, denn die tägliche Erfahrung mit den Fehlurteilen und Denkklischees in einer privaten Organisation lähmen das Urteilsvermögen. Der Aufstieg großer Unternehmungen und die eigene feste Position darin führen also zu größter persönlicher Zufriedenheit, die Kritik an sozialen Fehlentwicklungen und fragwürdigen politischen Entscheidungen gar nicht erst aufkommen läßt.

In modernen Organisationen wird also Bequemlichkeit gefördert und die Bereitschaft zum eigenständigen Denken beschnitten.

Besonders in den höheren Rängen der Organisation wird Denken eher als lästige Angelegenheit betrachtet, die man lieber an andere delegiert. Sobald er mit einem Problem konfrontiert wird, wendet sich der typische Mitarbeiter der Organisation ganz selbstverständlich an einen Untergebenen, der sich dann damit herumschlagen darf. Der wiederum wird sich an einen Assistenten wenden, und so wird weiter delegiert. Die »Zusammenarbeit« in Organisationen besteht also oft darin, Probleme auf andere abzuwälzen – sich vor persönlicher Verantwortung und eigenständigem Nachdenken zu drücken. Auch wenn es sich um öffentliche Belange handelt, ist diese Haltung an der Tagesordnung. Es ist immer Sache der anderen, die Initiative zu ergreifen. In großen Organisationen werden Probleme nicht gelöst, sondern weitergeschoben.

Darüber hinaus genießt am meisten Prestige, wer viele Untergebene hat, an die er delegieren kann. Auch wenn ansonsten statisches Denken und Unbeweglichkeit vorherrschen, entfaltet sich eine vitale Dynamik, sobald es gilt, den Personalbestand aufzustocken. Es ist wohl überflüssig zu betonen, daß vorzugsweise Leute eingestellt werden, die die zitierte Anpassungsbereitschaft leisten. In der modernen Volkswirtschaft spielen große Privatunternehmen eine zunehmend bedeutende Rolle. Die 500 größten Industrieunternehmen in den Vereinigten Staaten vereinigen ungefähr 60 Prozent der gesamten Industrieproduktion auf sich. In all diesen Unternehmen wird nahezu automatisch das Management erweitert, auch wenn neue Leute etwa im Bereich Forschung und Entwicklung viel eher gebraucht würden. Auf diese Weise wird die Kultur des Zufriedenseins weiter zementiert.

Auch öffentliche Organisationen zeigen diese Tendenz. Dennoch gibt es einen entscheidenden Unterschied gegenüber den privaten. Dieser Unterschied soll am Begriff »Bürokratie« demonstriert werden.

Wenn von großen Organisationen im öffentlichen Bereich die Rede ist, dann fast zwangsläufig auch von Bürokratie, ein Wort mit uneingeschränkt negativer Bedeutung. Dies gilt insbesondere in den Vereinigten Staaten.

Die Bediensteten großer Behörden werden ganz allgemein als Bürger zweiter Klasse angesehen. Jeder einzelne kann durchaus als fleißiger, effizienter, sozial nützlicher Arbeiter angesehen werden. Insgesamt gesehen wird einem jedoch vorgeworfen, inkompetent und schwerfällig zu sein. Sie sind eben »Bürokraten«, eine Last der modernen Gesellschaft. Grundlegend unterschiedlich beurteilt werden jedoch solche Mitarbeiter des öffentlichen Dienstes, die den Zielen der Zufriedenen dienen und solche, deren Behörde für Ziele arbeitet, die als potentielle Bedrohung für den eigenen Wohlstand gelten. Mitarbeiter von Finanz- und Sozialämtern etwa haben den Ruf, unnütze Erfüllungsgehilfen einer überflüssigen, ja schädlichen Bürokratie zu sein. Wer dagegen für den militärischen Komplex arbeitet, für das Department of State, die CIA, andere Geheimdienste und insbesondere für die Social Security wird kritiklos akzeptiert. Der Begriff »Bürokratie« wird auf sie kaum angewendet und, wenn überhaupt, ausnahmsweise nicht mit verächtlichem Unterton. Sie gelten eher als loyale, tüchtige, wichtige Mitarbeiter des öffentlichen Dienstes. Behörden also, die den Interessen der Zufriedenen und Wohlhabenden dienen, genießen durchaus auch öffentliches Ansehen. Wer dagegen Steuern eintreibt oder sich mit Bedürfnissen sozial Schwacher und armer Leute beschäftigt, ist ein inkompetenter »Bürokrat«. Dem militärischen Bereich kommt bei dieser Art des Denkens eine besondere Bedeutung zu. Niemand kann bezweifeln, daß der bürokratische Apparat des Pentagon, seiner zivilen und militärischen Sektoren, seinesgleichen sucht. Politisches Denken »nach Art des Hauses« wird dort als Selbstverständlichkeit vorausgesetzt; eigenständiges Denken und eigenständiges Handeln kommen nicht vor. Dort reagiert man ja schon mit Überraschung, wenn als einzige gelegentlich auftauchende selbständige Ausdrucksform der »Whistleblower« auftaucht. Daß im gesamten militärischen und Geheimdienstbereich zuviel Personal beschäftigt wird, steht eigentlich außer Frage. Viele Angestellte sitzen Tage und Wochen mehr oder weniger beschäftigungslos im Verteidigungsministerium herum, weshalb der Wortwitz grassiert, sie litten unter »Pentagonorrhoe«. Dennoch bleibt das militärische Establishment von Vorurteilen verschont, was die Mitarbeiter der städtischen Sozialämter kaum von sich sagen können. Aber die beschäftigen sich ja auch nur mit dem bitteren Los der funktionalen Unterschicht und versuchen, es ein wenig zu lindern. Die Diener der militärischen Macht dagegen lassen sich erfolgreich für den Dienst feiern, den sie ihrem Vaterland erweisen. Wer oft unter größerer persönlicher Gefahr den Armen in den Slums Hilfe bringt, hat soviel Bewunderung offenbar nicht verdient.

Wer eine Karriere im öffentlichen Sektor anstrebt, dem muß dieses Bewußtsein deutlich machen, daß der Dienst für nationale Verteidigung, im Außenministerium oder sogar für die CIA mehr öffentliche Wertschätzung einbringt, als das Engagement für die von der Gesellschaft Ausgegrenzten, die diese Gesellschaft ja schließlich selbst hervorgebracht hat. Die Kultur des Zufriedenseins ist wohl auch eine Kultur der Ignoranz. Ein bescheidener Glanz fällt sogar noch auf jene ab, die die Renten für pensionierte Militärs verwalten oder sich mit Subventionen für häufig durchaus wohlhabende Farmer beschäftigen. Wer Lebensmittelkarten an kinderreiche Familien verteilt, darf auf diese Art gesellschaftlicher Reputation nicht rechnen. Der ist und bleibt ein Bürokrat.

Es existiert noch ein weiterer Unterschied zwischen einem »Bürokraten« und einem »Diener des Staates«. Des Staatsdieners Forderung nach öffentlichen Geldern wird mit Respekt aufgenommen, die Forderung des Bürokraten nach entsprechenden Mitteln ist schlicht lästig.

Das Negativimage der Bürokraten spielt bei den höheren Chargen des privaten Sektors kaum noch eine Rolle. Die Kritiklosigkeit gegenüber den Führungskräften großer Unternehmen ist von überlebensnotwendiger Bedeutung für die Kultur des Zufriedenseins. Diesen unerschütterlichen Konsens will ich kritisch untersuchen.
Daß große und komplexe Unternehmen ein charakteristisches Merkmal des modernen Wirtschaftsgefüges sind, ist hinreichend oft gesagt worden.[16]

Früher war es leicht zu erkennen, wie sehr geistige Sklerose und fortschreitende Bürokratisierung besonders in solchen Firmen Hand in Hand gingen, die dem Druck des technologischen Wandels oder des sich ändernden Verbraucherverhaltens nicht ausgesetzt waren. Entsprechend häufig wurden sie kritisiert. Eine solche Zustandsbeschreibung galt beispielsweise für die gesamte Kohle- und Stahlindustrie. Und hier in erster Linie für die auf

[16] Im einzelnen habe ich mich damit in »The Industrial State« (Boston: Houghton Mufflin, 1967 und spätere Ausgaben) beschäftigt. Ich bin dort auf die eingegangen, die die Organisation wirklich bewegen und dabei ganz besonders auf die Leute, die für die Innovationen sorgen. Ich habe dabei den inzwischen auch von anderen häufiger benutzten Begriff der Technostruktur verwendet.

diesem Sektor einst führende United States Steel Corporation. Was dort dann geschah, ist ein inzwischen sattsam bekanntes Trauerspiel in der amerikanischen Wirtschaftsgeschichte. Bei vergleichbaren Unternehmen in Großbritannien oder auf dem europäischen Kontinent hat sich ganz Ähnliches ereignet. Von der General Motors Corporation – und in etwas geringerem Umfange von anderen amerikanischen Automobilherstellern – sagt man, das Betriebsklima dort sei inzwischen so schlecht, daß diese Unternehmen kaum noch funktionsfähig seien. Ihre Stellung auf dem amerikanischen Markt und auf dem Weltmarkt hat sich enorm verschlechtert.

Die Tendenz zur bürokratischen Verkrustung in den großen Unternehmen kann man täglich in der Wirtschaftspresse nachlesen. Besonders selbstverständlich dann, wenn Märkte einbrechen. Dann wird über die Unternehmen geschrieben, daß sie Arbeitnehmer »freisetzen«. Damit ist gemeint, daß Angestellte aus den verschiedenen Verwaltungsebenen entlassen werden. (Man beachte, daß aus der Unternehmensbürokratie niemand »gefeuert« oder »rausgeschmissen« wird; er wird lediglich »freigesetzt«.) Bei großen Unternehmen geht die Zahl der Entlassenen normalerweise in die Tausende.

Im Regelfall wird die »Freisetzung« in den einschlägigen Kommentaren als wichtiger Schritt zur Senkung der Kosten und zur Steigerung der Effizienz des Unternehmens dargestellt. Die eigentliche Frage aber lautet: Welche Funktion hatten die Leute, die jetzt so einfach entlassen werden zuvor in ihrer Firma? Wenn nämlich ihre Entlassung offenbar so problemlos ist, dann trifft wohl die Behauptung zu, daß Bürokratien dazu neigen, sich selbst zu verwalten und deshalb immer mehr Personal eingestellt wird, als eigentlich notwendig wäre. Dies wiederum hat einen schon erwähnten Grund: Probleme werden immer weiter delegiert, und das persönliche Prestige wächst mit der Zahl von Untergebenen.

Dennoch haftet den großen privaten Unternehmen selten das Image der »Bürokratie« an. Dort arbeiten als Führungskräfte Ingenieure, Marketingspezialisten, Werbe- oder Public-Relations-Fachleute, und mit dieser Art von Job verbindet kaum jemand den Begriff des Bürokraten. Wie bei den Mitgliedern des militärischen Establishments handelt es sich auch bei dem Mitarbeiter eines großen Unternehmens um jemanden, dem man bürokratische Verhaltensweisen nicht zutraut.

Für diese Fehleinschätzung möchte ich drei wesentliche Gründe erörtern. Da ist zunächst die Behauptung, das private Unternehmen unterliege den Gesetzen des Marktes. Die schwankende Personalpolitik, mal Akkumulation und mal Entlastungen, zeigt jedoch, daß die disziplinierende Wirkung des Marktes offenbar nicht allzu groß ist. Auch die Wirtschaftstheorie geht im übrigen davon aus, daß der Markt bei mangelnder Konkurrenz zu rationalem Handeln zwingt. Die meist üppige Bezahlung, die sich die Unternehmenschefs mit Zustimmung der ebenfalls gut dotierten Aufsichtsräte genehmigen, ist ein weiterer Beweis für die Elastizität dieser angeblich vom Markt ausgehenden Disziplin. Da dürften einem schon die öffentlichen Haushalte, mit denen die staatlichen Behörden und Einrichtungen leben müssen, mehr Beschränkungen auferlegen.

Was die bürokratischen Tendenzen in modernen Unternehmen und in ihrer Führungsschicht ebenfalls verschleiern, ist die Vorstellung vom Unternehmer. Originell, aus sich selbst heraus hoch motiviert, innovativ, risikofreudig, all dies sind Eigenschaften, die, wenn sie im Zusammenhang mit dem Mann an der Spitze eines Unternehmens verwendet werden, ihn als Geschöpf des Marktwirtschaftssystems beschreiben. Der Unternehmer ist der Held der Wirtschaftswissenschaftler. Er spielt diese herausragende Rolle in unserer Disziplin seit Josef Alois Schumpeter.[17]

Der Unternehmer ist die Quelle des wirtschaftlichen Fortschritts und seiner Dynamik. Die Verbindung, die heute von diesen klassischen Attributen des Unternehmers im Sinne Schumpeters zu den Eigenschaften der Führungskräfte von Großunternehmen hergestellt wird, mag ja für die Manager ehrenvoll sein, ob sie aber noch zutrifft, ist mehr als zweifelhaft. Dem Chef eines großen Industrieunternehmens gefällt diese Sichtweise selbstverständlich, und am Ende sieht er sich auch selbst so.

Ähnlich funktioniert das Bewußtsein des Army-Generals, der weit hinter den Linien mit einem großen und dienstbeflissenen Stab operiert und von sich selbst glaubt, daß er die Panzer in den unbarmherzigen Kampf führt. Zu Beginn des großen amerikanischen S&L-Skandals hat der Präsident der zuständigen amerikanischen Aufsichts-

[17] Von Alois Schumpeter stammt das hervorragende Werk »Theory of Economic Development: An Inquiry into Profits, Capital, Credit, Interest, and the Business Cycle (Cambridge: Harvard University Press, 1934). Deutsch: Theorie der wirtschaftlichen Entwicklung. Eine Untersuchung über Unternehmergewinn (Berlin: Duncher & Humblot, 1987).

behörde für Charles Keating, die wohl schillerndste Figur in diesem konzentrierten Angriff auf das öffentliche Interesse und die staatlichen Kassen, noch entschuldigende Worte gefunden. Denn er war ja ein »sehr unternehmerisch denkender und handelnder Geschäftsmann.«[18]

Nun kann ein Unternehmer zwar Mißerfolge haben, aber falsch im eigentlichen Sinne kann er offenbar nichts machen. Es ist deshalb ganz klar, daß die Chefs von General Motors, General Electric, Citibank und Shell, die sich bis nach oben durch die Bürokratie gekämpft haben, sich selbst für Prototypen der idealen Unternehmerpersönlichkeit halten. Auf diese Weise können sie sich vom Hautgout befreien; denn ein Unternehmer kann nun einmal kein Bürokrat sein.

Und schließlich steht das große Unternehmen – der große moderne Industriekonzern – unter dem besonderen Schutz von Lehre und Forschung an den Hochschulen. Die Wirtschaftswissenschaften sind immer noch stark auf den Wettbewerb fixiert, auf einen Markt, auf dem sich entweder viele kleine Wettbewerber – wiederum Unternehmen – oder auch in Ausnahmefällen die größeren Monopolisten oder Oligopolisten tummeln, die alle nichts weiter im Sinn haben, als den Unternehmensgewinn zu maximieren. Die Tendenz zur Bürokratisierung und die spezielle Motivation des typischen Angestellten in einer Organisation werden nicht weiter untersucht. Das es eine solche Tendenz, also auch irrationale Beweggründe und Verhaltensweisen gibt, wird von kaum einem Wirtschaftswissenschaftler bestritten. Aber des-

[18] The Wall Street Journal, 22. November 1989.

halb wird dieses Phänomen noch lange nicht diskutiert. In dem ganzen Wust von Gleichungen und formaler Theorie hat es keinen Platz. Diese aus der Praxis gewonnene Erkenntnis ist offenbar nicht wichtig genug, um sie in Vorlesungen und Seminaren zu erwähnen. Und welcher Professor möchte in seinen Vorlesungen schon über bürokratische Lethargie und Inkompetenz im Unternehmen berichten und damit das Leitbild der Wissenschaft ins Wanken bringen. Man stieße zwangsläufig auf heikle Fragen. Wie Führungskräfte in modernen Großorganisationen, ob im öffentlichen oder privaten Sektor, beurteilt werden, ist stark abhängig von den Maximen, die in der Kultur des Zufriedenseins aufgestellt werden. Jedoch sind die Zusammenhänge, wie wir eben gesehen haben, komplex. Alle – oder doch fast alle – Führungskräfte sind Bürokraten, doch wird mit diesem Begriff nur abgestraft, wer in den Organisationen des öffentlichen Sektors Dienst tut. Und hier wiederum besonders dann, wenn es sich um Behörden handelt, die sich mit sozialen Fragen beschäftigen. In den angeseheneren Ressorts heißen die Mitarbeiter Staatsdiener oder, wenn es sein muß, auch schon mal Helden des Vaterlandes. Die Unterordnung des Unternehmens unter die Gesetze des Marktes, der heroisierende Kult um den Unternehmer und die herkömmliche wirtschaftswissenschaftliche Ausbildung tragen dazu bei, etwaige Ähnlichkeiten im Erscheinungsbild von »öffentlichen Bürokraten« und »privaten Marktheldenden« zu verwischen. Dennoch ist die Kultur des Zufriedenseins die alles bestimmende Kraft hinter der Entwicklung der modernen Großorganisation mit ihrer Großbürokratie.

7

Die wirtschaftliche Anpassung I

> Ökonomen engagieren sich oft auch im Bereich der politischen Wissenschaften, indem sie mit anscheinend objektiven Analysen nur normative Wertungen kaschieren.
>
> Conrad P. Waligorwsky

Eine der zuverlässigsten, wenn auch nicht gerade positiven Fähigkeiten innerhalb der Wirtschaftswissenschaften ist es, bestimmte ökonomische Prozesse in ihren Lehrveranstaltungen und wirtschaftspolitischen Empfehlungen so zuzurichten, daß sie spezifischen wirtschaftlichen und politischen Interessen angepaßt werden können.

In der ersten Hälfte des letzten Jahrhunderts, dem Zeitalter des Frühkapitalismus, hatten David Ricardo und Reverend Thomas Robert Malthus noch eine industrielle Welt vor Augen, in der eine Handvoll superreicher und mächtiger Kapitalisten die Gesellschaft über die »Mühlen des Satans« beherrschte. In Wahrheit schufteten in diesen Mühlen, neben Kindern, Tausende rechtloser Arbeiter für einen Hungerlohn, der kaum für das Existenzminimum reichte. Nun gibt es, wie ich schon an anderer Stelle gesagt habe, wohl kaum eine bessere Rechtfertigung für die mitleidlose Wirtschafts- und Sozialordnung von damals als die, die Ricardo und Malthus anbieten. Die Löhne wurden danach gewissermaßen aufgrund von Naturgesetzen bis auf das gerade noch systemerhaltende Maß gesenkt. Bezeichnenderweise hob Malthus dabei insbesondere die Mechanik von Zeugung und Geburt hervor. Das unkontrollierbare Fortpflanzungsverhalten der menschlichen Rasse sanktionierte die Existenz von Herrschaft und Unterwerfung. Unter dem Druck einer wachsenden Bevölkerung und dem daraus resultierenden natürlichen Wettbewerb um Arbeitsplätze sanken so die Löhne auf ein gerade noch erträgliches Minimum.

Malthus war Christ und als solcher zur Barmherzigkeit verpflichtet. Zu seinem Erklärungsmodell für die schrecklichen Lebensbedingungen in der Arbeiterklasse hatte er auch gleich ein Gegenmittel zur Hand. Die Geistlichen sollten das Brautpaar schon bei der Trauung vor zuviel Sex warnen. Bis aber diese Form der Familienplanung wirksam wurde, konnten der »Mühlenbesitzer« und der Kapitalist sich bequem auf dem Elend der Massen ausruhen, denn für die Verhältnisse waren sie nicht verantwortlich. Gestützt auf ihre These vom naturgesetzlichen Mechanismus des Arbeitskräfteangebots und Lohnniveaus konnten sie indigniert auf jeden Gedanken reagieren, der etwa staatliche Eingriffe oder eine gewerkschaftliche Vertretung für notwendig hielt. Das war wider die natürliche Ordnung.

Nicht weniger anpassungsbereit als heute war man in bezug auf die sozialen Konsequenzen in der Wirtschaft des Laissez-faire. Man geht davon aus, daß diese Doktrin im 17. Jahrhundert in Frankreich entstanden ist, obwohl ihre Ursprünge immer noch umstritten sind. Wie schon erwähnt, beruht diese These auf der festen Überzeugung, das Wirtschaftsgefüge würde aus sich selbst heraus alle seine sozialen und funktionalen Probleme selbst lösen und dabei das Geschick aller Beteiligten zum Besten wenden.

In Großbritannien war zur Zeit seiner industriellen Blüte kaum eine Theorie hilfreicher als die vom Freihandel – gleichermaßen eloquent formuliert und elegant gedacht von Adam Smith. Hier wurde die Anpassung der Wissenschaft an die Interessen der Mächtigen besonders deutlich. Denn für Großbritannien, dem industriell am weitesten entwickelten Land seiner Zeit war der Freihandel ganz offensichtlich von Vorteil. Und wie in der Laissez-faire-Wirtschaft mußte dafür deshalb eine Art Mythos gebastelt werden. Den Industrien in Deutschland und den Vereinigten Staaten war dagegen eher mit der Errichtung von Zollschranken gedient. Entsprechend haben die berühmtesten Ökonomen in diesen Ländern – der bereits erwähnte Friedrich List in Deutschland und der beredsame Henry Carey in den Vereinigten Staaten – sich mit Nachdruck für den Schutz der »jungen Industrien« in ihren Ländern ausgesprochen. In Wahrheit ging es dabei um nichts anderes, als darum, die eigenen Erzeugnisse gegen die Konkurrenz des britischen Industriemolochs abzuschirmen.

Schon damals also leisteten die Wirtschaftswissenschaften dem Kapitalismus ergebene Dienste. Gegen Ende des vergangenen Jahrhunderts, das uns als das goldenes Zeitalter geschildert wird, verkündete Herbert Spencer die Wirtschafts- und Sozialtheorie vom Überleben der Gesündesten. Es war nicht etwa Charles Darwin sondern Spencer, dem wir diesen Ausdruck verdanken. Obwohl selbst Engländer, war Spencer in den Vereinigten Staaten zur unerschütterlichen Heldenfigur avanciert, in dessen Abglanz sich auch seine Jünger noch sonnen konnten. Der bekannteste, William Graham Sumner von der Yale Universität, diente sich der reichen Wählerschaft ebenso bemerkenswert wie eindeutig an: »Millionäre sind das Ergebnis eines natürlichen Ausleseprozesses. Man kann sie gut und gern als die natürlich auserwählten Agenten der Gesellschaft für bestimmte Arbeiten bezeichnen. Sie beziehen hohe Gehälter und leben im Luxus, aber dennoch geht diese Rechnung für die Gesellschaft auf.«[19]

Thorstein Veblen, ein Schüler Sumners, hat wegen seines unkonventionellen Umgangs mit dieser Lehrmeinung noch mehr Aufsehen erregt. Die Reichen und Mächtigen wurden von ihm in anthropologische Kategorien eingeteilt – ihre Art zu leben, entsprach der von Stammesführern, ihre Vergnügungen den Stammesriten –, und so hat er sie dann auch beschrieben.[20]

[19] William Graham Sumner, »The Challenge of Facts and Other Essays«, herausgegeben von Albert Galloway Keller, New Haven: Yale University Press, 1914, Seite 90.

[20] Sein wissenschaftlicher Ruhm beruhte auch auf der Reaktion der jeweiligen Präsidenten der Universitäten, an denen er las. Die fanden es nämlich immer klüger, nachdem sie, wenn auch zögernd, sich mit seinen Ansichten vertraut gemacht und den massiven Unmut, den sein Ansatz bei den Universitätsgremien und den mit der Universität verbundenen

Genau solange wie die vorherrschende Stimmung in der Industrie- und Finanzwelt gegen den New Deal gerichtet war, haben ihn auch die meisten namhaften Ökonomen abgelehnt. Sie kritisierten, daß diese neue Strategie mit den Prinzipien der freien Marktwirtschaft in Konflikt geraten müsse. Sie hatten daran auszusetzen, daß mit ihr keine wirklichen wirtschaftlichen Anreize gegeben werden können, und sie wiesen vor allem auf die scheinbare Kontrolle der Geld- und Finanzpolitik hin. Wirtschaftswissenschaftler, die den New Deal befürworteten, wurden als Abweichler oder Exzentriker beschimpft. Erst als die Grundgedanken dieser Politik später mit einer gewissen Akzeptanz belohnt wurden, schwenkte auch das Gros der Wirtschaftswissenschaftler auf diese Richtung ein.

Ich möchte nun gern die modernen Anpassungsformen der Wirtschaftswissenschaften an die Weltanschauung von der kurzfristig anzustrebenden Zufriedenheit beschreiben. Diese Anpassung erfolgt auf zwei Ebenen. Da gibt es zunächst einmal die allgemein anerkannten ökonomischen Theorien, wie sie in den gängigen Lehrbüchern stehen und in den gängigen wirtschaftswissenschaftlichen Seminaren verkündet werden. Dann gibt es zweitens die gezielt entwickelten wissenschaftlichen Konzepte, mit denen die Strategie der kurzfristig anzustrebenden, persönlichen Zufriedenheit abgesichert werden. International und bei unabhängigen Köpfen heißt so etwas allerdings eher Gefälligkeitsgutachten. Die erste

Geschäftsleuten hervorgerufen hatte, hatten über sich ergehen lassen, ihn möglichst rasch wieder loszuwerden und weiterziehen zu lassen.

ernsthafte und respektable Anpassungsformel war die des Laissez-faire. Sie ging davon aus, daß Interventionen des Staates und insbesondere die staatliche Regulierung überflüssig seien und den naturgesetzlichen Ablauf, der alles zum besten wendet, nur behindern. Anders ausgedrückt wären staatliche Eingriffe nur ein Ausdruck der Ungeduld.

Danach ist die Annahme, staatliche Eingriffe und Maßnahmen seien notwendig, falsch. Jeder einzelne Fall von potentieller staatlicher Intervention muß deshalb nicht nur sorgfältig geprüft, sondern als zwingend notwendig bewiesen werden. Fälle, in denen der Staat *nicht* eingreifen soll, brauchen dagegen nicht näher überprüft zu werden, von einer erforderlichen einleuchtenden Theorie oder gar empirischen Beweisen einmal ganz zu schweigen. Wie man an Gott glauben muß, muß man eben auch an das System glauben; und in einem gewissen Maße sind beide sakrosankt.

Im Zeitalter des Zufriedenseins ist die Weltanschauung fest zementiert. Sie erhält – vielleicht mehr als jede andere Weltanschauung – das System, in dem die Wohlhabenden und Zufriedenen ungestört leben können. Auf sie stützt sich der überwältigende Konsens, in kurzfristigen Perspektiven zu denken und die Ablehnung jeder längerfristigen Planung. (Im Endeffekt stützt sich natürlich alles auf die am meisten zitierte Beobachtung von John Maynard Keynes: »Auf lange Sicht sind wir alle tot.«)

Heute wird das Prinzip des Laissez-faire nicht mehr so dogmatisch vertreten wie früher, viele Ausnahmen sind zugelassen. Manch eine Form staatlicher Aktivität ist nämlich in der Kultur des Zufriedenseins fest verankert. Die Stützungsaktionen für Banken und andere Finanzinstitute sind dafür ein neuerdings prominentes Beispiel. Ähnliches gilt für den militärisch-industriellen Komplex. Das gleiche gilt für die staatlichen Zahlungen an wohlhabende Rentner usw. Das Laissez-faire ist also eine wichtige, nicht aber die allein entscheidende Antriebskraft in der Kultur des Zufriedenseins.

Und nun möchte ich eine andere, wenngleich nicht weniger hilfreiche Anpassung der Wirtschaftswissenschaften an den Zeitgeist erörtern. Die Thesen, die ganz offensichtlich nur entwickelt wurden, um das Selbsterhaltungsprinzip der Wohlhabenden und Zufriedenen wissenschaftlich zu fundieren, werden im nächsten Kapitel erörtert.

Die wohl größte Gefahr für die Gruppe der Zufriedenen beruht auf der systemimmanenten Tendenz des Kapitalismus zur Instabilität – zur Rezession oder Depression. Seit der großen Depression in den 30er Jahren herrschte allgemein die Auffassung vor, daß der Staat Schritte einleiten müsse, um entsprechende Instabilitäten auszugleichen. Dazu gehört ein wirtschaftspolitisches Konzept, das auf Stabilität und Wachstum ausgerichtet ist. Diese Vorstellung ist aber keineswegs unumstritten. Denn sobald die Wirtschaft in eine Rezession taumelt, werden Prognosen laut, diese Rezession sei nur von kurzer Dauer, und die Kräfte des Marktes würden sie – sofern man nicht eingreife – rasch überwinden. Und hier zeigt er sich wieder, der Urglaube an die selbstreinigende Wirkung der Marktkräfte: Der Konjunkturzyklus hat seine eigene segensreiche und am Ende zum Guten führende Dynamik. Dennoch werden einige staatliche Maßnahmen auch heute als notwendig angesehen, und die eher grundsätzliche Anpassung an die Kultur des Zufriedenseins liegt mehr in den Spezifika staatlicher Intervention. Wenn sie für die Öffentlichkeit nicht transparent gemacht werden, soll damit nur verborgen werden, daß die eigentlich recht schlichten Zusammenhänge von höchster Stelle mystifiziert werden.

Das Grundmuster einer Rezession oder Depression liegt, aus was für Gründen auch immer, in einem Rückgang der Nachfrage oder Kaufkraft – nach Kapitalgütern, Verbrauchsgütern und Dienstleistungen. Daraus resultiert ein Rückgang von Produktion und Beschäftigung sowie ein kumulativer Effekt, weil Verbraucher und Unternehmen feststellen, daß ihre Kaufkraft abnimmt und sich entsprechend verhalten. Die Ursachen einer Inflation lassen sich allerdings nicht einfach spiegelbildlich ableiten. Inflation entsteht, wenn sich die Nachfrage oder Kaufkraft aus irgendwelchen Gründen auf eine signifikante Zahl von Gütern und Diensten so sehr konzentriert, daß die Preise steigen. Darüber hinaus können im Fall einer Inflation jedoch auch wichtige betriebswirtschaftliche Einflußfaktoren die Produzenten zu Preiserhöhungen zwingen. Solche Preissteigerungen wirken sich dann selbstverständlich gesamtwirtschaftlich aus. So führen etwa Lohnerhöhungen zu höheren Kosten und damit höheren Preisen. Ein spektakuläres Beispiel aus jüngster Zeit: Der Anstieg der Erdöl- und Energiepreise hatte einen starken inflationären Effekt. Die Wirtschaftswissenschaften können eine Reihe von Gründen nennen, weshalb sinkende Nachfrage zu Rezession oder Depression führt oder aber eine gesteigerte Nachfrage auslösen. So kann sich etwa unter den Verbrauchern eine unerklärliche Tendenz ausbreiten, mehr oder eben weniger Geld auszugeben oder unter den Produzenten, mehr oder weniger zu investieren. Das Auf und Ab von optimistischen und pessimistischen Erwartungen spielt seit langem in der Konjunkturtheorie eine wichtige Rolle. Da gibt es dämpfende Effekte, die im Zusammenhang mit Fehlspekulationen oder nach Banken- und Börsenkrisen einsetzen. Auch schwankende Exportvolumina können dabei eine Rolle spielen.

Viele Faktoren können bedeutsam sein, die meisten unterliegen jedoch keinem staatlichen Einfluß. Die Anstrengungen des Staates, mit allgemeinen Lobgesängen auf die Wirtschaft das Vertrauen der Verbraucher zurückzugewinnen oder die Investitionsbereitschaft zu beeinflussen, obwohl die Arbeitslosigkeit gering ist, wird als nicht besonders nützlich angesehen. In den Anfangsjahren der großen Depression wurde die Versicherung des Präsidenten, das Ende der Depression sei nah und damit auch die wirtschaftliche Stabilität, eher als Zeichen dafür angesehen, daß die Perspektiven sich in Wirklichkeit verschlechtert hatten. Sein konstruierter Optimismus wirkte sich auf den Wertpapiermärkten auf das Vertrauen der Wirtschaft negativ aus.[21]

Während der schmerzhaften Rezession von 1990/91,

[21] Ich habe mich mit diesem Phänomen in meinem Buch »The Great Crash«, 1929 (Boston: Houghton Mifflin, 1955 und weitere Ausgaben) beschäftigt. Deutsch: Der große Crash 1929. Ursachen, Verlauf, Folgen (München: Heyne, 1989).

als dieses Buch entstand, waren derartige Lobpreisungen der Wirtschaft mit dem Ziel, die Konjunktur gesundzubeten, aus Washington täglich zu hören.

Gegen Rezession oder Depression gibt es nur ein wirksames Mittel: Der Staat muß Maßnahmen zur Dämpfung oder Ausweitung der Konsum- oder Investitionsausgaben ergreifen. Inflation wird bekämpft, indem allgemein die Kosten gesenkt werden. Das gilt namentlich für die Löhne, gelegentlich auch für die Energiekosten, da beide die Preise in der Volkswirtschaft auf breiter Front in die Höhe treiben. Die richtigen Instrumente, um dem entgegenzusteuern, sind Fiskalpolitik, Geldpolitik und Lohnpolitik, sofern von ihr ein inflationärer Druck ausgeht. Welche Vorstellungen die Wohlhabenden und Zufriedenen von einer optimalen Kontrolle des Wirtschaftsablaufes haben, werde ich jetzt erläutern.

Mit Hilfe der Fiskalpolitik wird der Ausgabenstrom – die effektive Nachfrage – verstärkt oder vermindert, das heißt, der Anteil des Staates an der effektiven Gesamtnachfrage wird addiert oder subtrahiert. Die Staatsausgaben werden also erhöht oder gesenkt und zwar bei gleichbleibendem Steueraufkommen. Oder – anders herum – die Steuern werden gesenkt oder erhöht – bei gleichbleibenden Ausgaben. Darüber hinaus kann man beide Verfahren vielschichtig kombinieren.

Fiskalpolitik ist ein von der Nationalökonomie bis zu einem gewissen Grade akzeptiertes Steuerungsinstrument. Aber sie paßt, wie wir früher bereits feststellen konnten, natürlich ganz schlecht zu Vorstellungen, die die Schicht der Wohlhabenden von wirtschaftlicher Kontrolle und gesamtwirtschaftlicher Lenkung hat. Denn

Anwendung von Fiskalpolitik bedeutet selbstverständlich immer, daß die Rolle des Staates ausgeweitet wird. Schon geringfügige Steuererhöhungen, mit denen man die Ausgabenströme dämpfen und die Inflation im Zaum halten will, gelten als indiskutabel. Der Widerstand gegen Steuern gehört zu den Grundlagen der Kultur des Zufriedenseins. Auch eine Erhöhung der Staatsausgaben, sofern sie nicht den genannten akzeptierten Bereichen zugute kommt, ist verpönt. Ausgabenverringerung zur Bekämpfung der Inflation wird zwar im Prinzip als Möglichkeit angesehen, aber von deren Lenkungsfunktion abhängig gemacht. Auch Steuersenkungen gelten als akzeptabel, und zwar gänzlich unabhängig vom jeweiligen Konjunkturverlauf, wenn sie nur den Freiraum der Wohlhabenden stabilisieren oder erweitern.

Die hohen (und dauerhaften) Defizite der öffentlichen Haushalte, die die privaten Ausgabenströme nachhaltig unterstützt haben, wurden einfach hingenommen. Die in den 80er Jahren immer wieder laut gewordene Kritik daran erfüllte nur die Funktion rhetorischer Pflichtübungen. Ein ausgewogener, behutsamer Umgang mit Staatsausgaben und Steuerpolitik als Instrumenten, mit deren Hilfe die Konjunktur gedämpft oder angekurbelt werden sollte, wurde hingegen nicht akzeptiert. Zur Zeit der Reagan-Regierung grassierte sogar die Vorstellung, derartige Maßnahmen hätten sich historisch überlebt. So etwas gehörte in die Mottenkiste des John Maynard Keynes. Und so kam es, daß die Fiskalpolitik in ihrem ursprünglichen Sinne als volkswirtschaftliches Steuerungsinstrument verschrottet wurde.

Bevor wir uns nun einer zweiten Möglichkeit staatlicher Intervention, der Geldpolitik, zuwenden, sollte noch ein eher selten angewendetes Instrument der Wirtschaftspolitik erwähnt werden. Es ist die sogenannte direkte Kostenbegrenzung, insbesondere die Begrenzung der Lohnkosten, die allgemein als preis- und inflationstreibend gelten. Dieses Instrument steht im Zeitalter des Zufriedenseins und vor allem im angelsächsischen Sprachraum niedrig im Kurs. In Deutschland, Japan, Österreich, der Schweiz und in den skandinavischen Ländern wird über Lohnerhöhungen im Rahmen dessen verhandelt, was bei gegebenem Preisniveau gezahlt werden kann – ein ganz üblicher Vorgang. Obwohl sie in der Vergangenheit in den Vereinigten Staaten zu den akzeptierten Instrumenten der Wirtschaftspolitik gehörten, werden Lohn- und Preiskontrollen heute als nicht legitime Einflußnahme des Staates betrachtet. Auch wenn es im Zweiten Weltkrieg, im Koreakrieg, unter der Kennedy-Regierung und ganz besonders zu Amtszeiten Richard Nixons Lohn- und Preisstopp-Verfügungen gab.

Selbst Schritte zur Energiekostendämpfung oder wenigstens zur Erhaltung des derzeitigen Verbrauchs sind offenbar verpönt. Und wieder müssen der unerschütterliche Glaube dafür herhalten, daß der Markt schon alles zum Guten wenden werde und das eherne Gesetz, wonach man nicht heute Maßnahmen ergreift, deren positive Folgen in der Zukunft liegen.

Von all diesen möglichen, aber offenbar inakzeptablen mikroökonomischen Maßnahmen, mit deren Hilfe der Preisanstieg verhindert werden könnte, gibt es nur eine opportune Ausnahme: die Lohnkosten niedrig zu halten, damit sie sich nicht auf die Preise auswirken können, daß heißt, die Macht der Gewerkschaften zu beschränken. Hierin lag einer der wichtigsten Erfolge Präsident Reagans in den ersten Jahren seiner ersten Amtszeit. Auf einen Streik der staatlich angestellten Fluglotsen wurde mit solcher Vehemenz reagiert, daß dies die Kampfmoral aller Gewerkschaften massiv geschwächt hat.

Also bleibt der Regierung, sobald sie Inflation oder Rezession bekämpfen will, nur etwas übrig, was man – leicht übertrieben – als Geldpolitik bezeichnen könnte. Sie allein läßt sich mit den Vorstellungen der wohlhabenden Schicht einigermaßen vereinbaren.

Geldpolitik ist dabei nicht einmal nur eine Verlegenheitslösung. Sie hat durchaus positive Folgen, die vor allem darin liegen, daß die Oberschicht mit dieser Art der Steuerung einverstanden ist. Deshalb werde ich mich jetzt näher damit befassen.

Geldpolitik zu favorisieren, bedeutet im Zeitalter des Zufriedenseins zunächst einmal die Erkenntnis, die Mystifikation dieses Steuerungsinstruments zu akzeptieren. Im Laufe der Jahre haben Wirtschaftswissenschaftler fast aller Coleur übrigens wenig dazu getan, dieser Mystifikation entgegenzuwirken. In der öffentlichen Meinung zeichnet sich die Wirtschaftswissenschaft ja gerade dadurch aus, daß ihre Vertreter das Mysterium der Geldpolitik durchschauen. Dasselbe gilt für Großbanker und andere Financiers. Zumindest bis sie dieses Image durch spektakuläre Fehlspekulationen gelegentlich verlieren.

Zunächst einmal müssen wir zwischen Geldpolitik und dem unterscheiden, was allgemein Monetarismus genannt wird. Mit Geldpolitik ist ganz allgemein jede Maßnahme der Zentralbank gemeint, das Kreditvolumen seitens der Commercial Banks kontrollieren zu lassen mit dem Ziel, Effekte zu erreichen, auf die ich gleich eingehen werden. Monetarismus ist eine eher spezielle, in der Theorie verwurzelte Strategie, die Wirtschaftskreisläufe steuern soll. Ihr eloquentester und fähigster Vertreter in den Vereinigten Staaten ist Professor Milton Friedman. Im Monetarismus konzentriert sich die gesamte Wirtschaftspolitik auf das im Umlauf befindliche Geldangebot, also auf den Bargeldumlauf, die Bankeinlagen und alles, womit man Güter kaufen und Rechnungen bezahlen kann. Dabei wird davon ausgegangen, daß, wenn man dieses in Umlauf befindliche Geldangebot genau kontrolliert und es nur in dem Maße erhöht, wie die Wirtschaft insgesamt wächst, die Preise stabil bleiben und die Wirtschaft aufgrund ihrer Eigendynamik gut funktioniert. Es gab eine Zeit, da spielte der Monetarismus in der politischen Ökonomie der Zufriedenen eine herausragende Rolle. Eine bessere Art, den Einfluß des Staates zu beschränken und die eigenen Vorstellungen umzusetzen, wonach die Wirtschaft am besten dann funktioniert, wenn man sie sich selbst überläßt, ist ja auch kaum vorstellbar. Aber leider hat die monetaristische Theorie sogar den Optimismus der Zufriedenen enttäuscht. Eine rigorose Geldpolitik führte Anfang der 80er Jahre zu einer der schwersten Rezessionen seit der großen Depression. Die Macht der Gewerkschaften und der inflationäre Druck wurden zwar dadurch gebremst, aber möglich war das nur auf Kosten der Wirtschaftskraft und sogar der Solvenz der Arbeitgeber. Nach diesem Debakel war der Monetarismus zwar immer noch nicht tot; aber seither führt er nur noch ein Schattendasein.

Wenn man nun die Geldpolitik genauer unter die Lupe nimmt, um zu erkennen, wie sie Preise und Wirtschaft beeinflußt, dann verschwindet alles Mystische, und wir stehen vor recht prosaischen Mechanismen. Die praktische Wirkung geldpolitischer Maßnahmen besteht nämlich letztlich darin, Wirtschaftsabläufe über die rigide Kontrolle des Zinsniveaus zu steuern. Anhand der Möglichkeit, Kredite, die die Mitgliedsbanken bei der Fed aufnehmen, zu verteuern oder billiger zu machen, verfügt die Federal Reserve in den Vereinigten Staaten (wie Zentralbanken anderer Länder auch) über ein wirksames, wenn auch nicht in jeder Hinsicht perfektes Instrument, mit dem sie die Zinssätze, zu denen die Commercial Banks und die anderen Finanzinstitutionen Geld verleihen, kontrollieren kann. Und genau daraus entsteht der gesamtwirtschaftliche Effekt. Hohe Zinsen dämpfen die private Kreditnachfrage und damit auch den Kauf oder Bau von Häusern und die Nachfrage nach langlebigen Verbrauchsgütern. Darüber hinaus verringern und verzögern sie die Investitionstätigkeit der Unternehmen, so daß weniger Geld an Zulieferindustrien bezahlt wird. Aus beidem entsteht ein dämpfender Effekt auf die Gesamtausgaben in der Volkswirtschaft, also auf die volkswirtschaftliche Gesamtnachfrage. Auf diese Weise kann die Inflation gestoppt werden. Will man das Gegenteil erreichen, also die Wirtschaft ankurbeln, werden die Zinssätze gesenkt, die Kreditaufnahme wird billiger und die Gesamtnachfrage steigt. So einfach ist das Mysterium der Geldpolitik zu erklären.

Früher wurde in den Wirtschaftswissenschaften in der Tat diskutiert, ob dieser Prozeß symmetrisch verläuft. Es ist sogar eine Metapher entstanden, die den Zusammenhang sinnbildlich erfaßt, nämlich daß man einen Gegenstand zwar an einem Bindfaden über den Boden ziehen, aber eben nicht schieben kann. Damit soll deutlich gemacht werden, daß man mit Hilfe von Geldpolitik die Konjunktur dämpfen, aber nicht mit gleicher Sicherheit wieder aktivieren kann. Für die unerschütterlichen Anhänger der Geldpolitik stellt dieses Ungleichgewicht aber offenbar keinen Mangel dar.

Auch wird Geldpolitik in der Kultur des Zufriedenseins schon deshalb favorisiert, weil sie kaum staatliche Eingriffe verlangt, wenn man einmal von dem bürokratischen Verfahren der Zentralbank absieht. Gesetzlich ist das Federal Reserve System weder der Legislative noch der Exekutive unterstellt. Es ist unabhängig. Dennoch ist bekannt, daß diese Unabhängigkeit eher formaler Natur ist, weil die Behörde immer wieder von der Öffentlichkeit und sogar dem Präsidenten selbst unter Druck gesetzt wird. Am stärksten ist die Unabhängigkeit aber wohl aufgrund ihrer subtilen, gesetzlich geregelten Beziehungen zur Zentralbank und zu den Commercial Banks gefährdet. Und selbstverständlich wird sie von der übrigen Finanzwelt beeinflußt. Kein Zentralbankpräsident könnte sich auf seinem Posten halten, wenn prominente Vertreter der Finanzwelt, etwa die Chefs großer Banken, ihn kritisch unter Beschuß nähmen. In der Praxis ist eine derartige Kritik aber niemals ernsthaft geübt worden. In der Finanzwelt ist man nämlich mit einer aktiven Zentralbankpolitik durchaus einverstanden. Diese Politik steht deshalb so hoch im Kurs, weil sie darauf ausgerichtet ist, die Inflation zu bekämpfen. Und in der Kultur des Zufriedenseins fürchtet man Inflation selbstverständlich weit mehr als Arbeitslosigkeit. Finanzleute propagieren deshalb ein Zinsniveau, das die Inflationsrate mehr als ausgleicht. Deshalb versuchen sie, die Zentralbank dahingehend zu beeinflussen, daß sie inflationäre Prozesse stärker bekämpft als rezessionäre. Dies ist ein Faktum, das im Zeitalter des Zufriedenseins längst zur akzeptierten Selbstverständlichkeit geworden ist.

Es sei darüber hinaus noch einmal darauf hingewiesen, daß ein hohes Zinsniveau für die Wohlhabenden einen realen Einkommenszuwachs bedeutet. Nach herrschender Auffassung ist die Politik der Zentralbank neutral. Tatsächlich aber begünstigt sie beispielsweise die Gruppe der wohlhabenden Rentiers und Pensionäre. Wer Geld zu verleihen hat, profitiert logischerweise von hohen Zinsen. Eine Binsenweisheit. In den 80er Jahren stieg das persönliche Einkommen aus Vermögen, also aus Zinseinnahmen, von 272 Milliarden Dollar auf 681 Milliarden Dollar. Um immerhin üppige 150 Prozent. Die Einkommen aus Löhnen und Gehältern stiegen dagegen um 97 Prozent.

Die 80er Jahre standen in den Vereinigten Staaten im Zeichen hoher und anhaltender Budgetdefizite. Diese Tatsache wurde entsprechend heftig kritisiert. Die extrem hohen Zinsen, mit deren Hilfe die Inflation unter Kontrolle gehalten wurde, stießen dagegen kaum auf Kritik, denn sie haben die Einkommen der Wohlhabenden und Zufriedenen ganz hübsch vermehrt.

Aber nun zur Kehrseite der Medaille: Aktive Geldpolitik hat unausweichlich hohe Zinsen zur Folge. Insbesondere dann, wenn sie – wie in den 80er Jahren – mit einer sanften Budget- oder Fiskalpolitik kombiniert wird. Sie senkt das Preisniveau, weil weniger private und andere Kredite aufgenommen werden. Selbstverständlich investieren Unternehmen in einer solchen Phase dann weniger. Im allgemeinen werden Kredite aufgenommen, um Betriebsanlagen zu verbessern oder zu erneuern oder den Bereich Forschung und Entwicklung zu erweitern. Verbraucher nehmen dagegen Kredite auf, um Wohnungen oder Eigenheime zu finanzieren. Folge der aktiven Geldpolitik ist also, daß weniger in die Wirtschaft investiert und weniger Wohnraum geschaffen wird. Die Industrie verliert an Wettbewerbsfähigkeit, und Wohnraum wird knapp.

Darüber hinaus haben die Defizite in den öffentlichen Haushalten zu einem stetig wachsenden Anteil der Zinszahlungen am Gesamtbudget geführt. Und die hohen Realzinsen haben ausländisches Kapital angezogen. Es wurden also hohe Beträge anderer Währungen in Dollar umgetauscht, so daß der Wechselkurs des Dollars emporgeschnellt ist.

Als Folge davon stieg das Import- und sank das Exportvolumen. Das so entstandene Defizit in der Handelsbilanz hat die Vereinigten Staaten vom einst größten Gläubiger der Welt im Handumdrehen zum weltweit größten Schuldner werden lassen. Zwangsläufig stand also weniger Kapital für Investitionen im Ausland zur Verfügung: ein Eckpfeiler der Außenpolitik geriet ins Wanken. Aber davon später.

Die Budgetdefizite, das zusammengeschmolzene Exportvolumen, die geschwächte außenpolitische Position der Vereinigten Staaten – all dies waren langfristige Folgen, die ein weiteres Mal zeigen, daß Konsequenzen, die sich erst in der Zukunft ergeben, in der Kultur des Zufriedenseins ignoriert werden.

Man könnte auch sagen, daß ihre Vertreter sich zuverlässig falsch verhalten.

8

Die wirtschaftliche Anpassung II

Der Kunstgriff

Im letzten Kapitel ist wohl deutlich geworden, daß die Wirtschaftswissenschaft über Jahrhunderte hinweg Lehrmeinungen produziert und vertreten hat, die geradezu optimal in das Konzept der sozial und wirtschaftlich Privilegierten paßten. Diese Theorien prägen die gesamte wissenschaftliche Diskussion, stehen in allen Lehrbüchern und sind Thema fast aller Vorlesungen.

Diese unerschütterliche Akzeptanz gilt besonders für das Feld der Geldpolitik. Finanzleute und Professoren sehen sie als Instrument, um Inflation, Rezession oder Depression zu verhindern oder zu kontrollieren. Ungeachtet der Tatsache, daß es durchaus zweifelhaft ist, ob man mit diesem Mittel die Wirtschaft in einer Rezessionsphase wieder ankurbeln kann. Man glaubt eben, über ein Instrument zu verfügen, mit dessen Hilfe jede Lage zu meistern ist, egal ob es die Steuer- und Ausgabenpolitik oder auch die Lohn- und Preispolitik betrifft. Daß auf diese Weise die Besitzer von Geldvermögen erheblich bevorzugt werden und diese Politik wirtschaftlich und sozial absolut unausgewogen ist, bleibt unerwähnt.

Selbstverständlich gibt es auch Denkrichtungen in der Kultur des Zufriedenseins, die von Wissenschaftlern nicht akzeptiert werden. Aber sie gelten in dieser Kultur als Kniff, gewissermaßen als Kunstgriff, der bestimmten Interessen eine pseudowissenschaftliche Basis gibt. Dies könnte falsch und sogar unfair sein; denn beinahe alle Autoren, welchen speziellen Interessen sie auch immer dienen, und wie offenkundig auch sein mag, daß sie neben Beifall auch eine Menge Geld dafür einstreichen, sind mühelos in der Lage, mit den von ihnen vertretenen Thesen auch wissenschaftlichen Ruhm zu ernten und als wissenschaftlich integer zu gelten. So dürfte es auch hier sein. Wenn man den Reichen und Zufriedenen entsprechen will, muß man drei Prinzipien gerecht werden. Zunächst soll der Einfluß des Staates auf die Wirtschaft auf ein Minimum begrenzt sein, dafür muß also eine wissenschaftliche Theorie her, die die negativen Folgen staatlicher Interventionen begründet. Die breite Zustimmung, die die Philosophie des Laisser-faire in diesem Lande erfährt, habe ich schon oft genug erwähnt. Ähnliches gilt für die ökonomischen Theorien von Ricardo, Malthus und Herbert Spencer, die diese wirtschaftspolitischen Positionen stützen. Aber ihre Namen sind den wenigsten Leuten ein Begriff. Malthus und Spencer gelten darüber hinaus als Wissenschaftler mit nicht ganz unumstrittenem Ruf. Was man also ganz dringend braucht, ist ein überzeugender und in jeder Hinsicht reputierlicher Name.

Zweitens ist zu beachten, daß der ungebremste Drang, soviel Geld wie möglich anzuhäufen, eine soziale Rechtfertigung erfährt. Die Tatsache allein, daß die Reichen sich an ihrem Wohlstand einfach nur freuen, reicht als

Begründung nicht aus. Es muß ein Beweis dafür geliefert werden, daß Reichtum – oder, weniger spektakulär – ein gutes Leben, einer sozialen Verantwortung nicht widersprechen, sondern ihr dienen.

Auch ist dringend geboten, nicht einen Graben aufzureißen zwischen denen, die reich und denen, die nur wohlhabend sind. Ein solcher Konflikt innerhalb der Kultur des Zufriedenseins hätte verheerende Folgen. Die Tatsache, daß es Reiche gibt, muß den nur Wohlhabenden als nützlich – wenn nicht gar als lebensnotwendig – dargestellt werden.

Das dritte Prinzip ist das heikelste: Der verlorengegangene soziale Konsens, die Tatsache also, daß die öffentliche Verantwortung für die Armen verleugnet wird, muß auf irgendeine Weise gerechtfertigt werden. Dazu müssen die Mitglieder der funktionalen Unterschicht als in bestimmtem Sinne schuldig an ihrem eigenen Schicksal hingestellt werden. Nur so bleibt das Gewissen der Wohlhabenden unbelastet, läßt sich ein zumindest flüchtiges Gefühl des Unbehagens abweisen.

Um den genannten drei Prinzipien gerecht zu werden, muß eine wissenschaftliche Theorie, die das ökonomische Weltbild stützt, einer empirischen Überprüfung keineswegs standhalten: Genauer betrachtet muß eine solche Theorie nicht einmal wirklich stichhaltig sein. Das einzige, was zählt, ist ihre Existenz. Sie legitimiert sich gewissermaßen durch sich selbst, nicht durch ihren theoretischen Gehalt.[22]

[22] Auf diesen Punkt hat Kevin Phillips in seinem Buch »The Politics of Rich and Poor: Wealth and the American Electorate in the Reagan

Die wohl gewichtigste Stimme gegen eine staatliche Einflußnahme dort, wo sie den Zielen der Wohlhabenden nichts nützten, hatte Adam Smith erhoben. Die sehnsüchtig erwartete Theorie war dann in seinem (im übrigen wirklich bemerkenswerten) Buch »An Inquiry into the Nature and Causes of the Wealth of Nations« nachzulesen. Es erschien im Jahr 1776, dem Jahr der amerikanischen Unabhängigkeitserklärung. Adam Smith ist der wohl populärste Wirtschaftswissenschaftler. Und »Wealth of Nations« gehört auch nach 200 Jahren noch zu den bekanntesten Schriften der ökonomischen Literatur. Folgerichtig wurde Smith' Theorie mit allen erdenklichen Interpretationen dazu benutzt, das Lebensprinzip der kurzfristigen Zufriedenseins wissenschaftlich abzusichern. Mit viel Geschick und Tricks wurde Smith posthum zum geistigen Ziehvater einer modernen Interessengemeinschaft erhoben. Viele Angehörige der Reagan-Administration trugen im Weißen Haus sogar Krawatten, die das Bild des Meisters zierten.[23]

Sie hatten das Gefühl, der wahren Lehre erneut zum Durchbruch zu verhelfen. Nach außen signalisierten sie ihr Credo mit dem bündigen Slogan »We are getting back to the basics«.

Aftermath« (New York: Random House, 1990) hingewiesen. Er schreibt: »Die Konservativen konnten im Jahre 1981 ihre Politik nicht mehr aus der Warte einer Handelskammer betreiben. Eine bloße Buchhaltermentalität konnte nicht mehr ein Programm popularisieren, das fast sicher nur den Reichen nutzte, aber von den anderen bezahlt wurde ...« (S. 59).

[23] Vgl. Peggy Noonan, »What I saw at the Revolution: A political Live in the Reagan Era« (New York: Random House, 1990).

Dies Glaubensbekenntnis hat nur einen kleinen Haken: Kaum einer von denen, die Adam Smith ständig im Munde führen, haben sein Buch auch wirklich gelesen. Tatsächlich war er nämlich zunächst ein Pragmatiker, der einer sinnvollen Einflußnahme des Staates offen gegenüberstand: »Smith' Haltung gegenüber der Rolle des Staates in einer kapitalistischen Gesellschaft kommt dem sehr nahe, was im modernen 20. Jahrhundert die Liberaldemokraten in den Vereinigten Staaten propagieren.«[24]

Ja, er hat sich zu einigen kapitalistischen Institutionen geradezu alarmierend skeptisch geäußert.

Adam Smith war ganz unzweifelhaft gegen den Dienst, den der Staat dem Merkantilismus erwies: nämlich den Handelsbetrieben umfangreiche Zoll- und Monopolvorteile zu gewähren. Dagegen trat er für einen freien Handel ein, dessen Triebfeder die allgegenwärtige Kraft des menschlichen Egoismus sein sollte. Nach seiner Theorie sollte genau diese Kraft auch ein sozial verträgliches Wirtschaftsgefüge schaffen. Daraus entstand das berühmte Wort von der »Unsichtbaren Hand des Marktes«.

Andererseits war Smith entschieden dagegen, daß in einem Unternehmen das Kapital vieler vereint wurde, gegen Firmen also, die wir heute Aktiengesellschaften nennen: »Die Direktoren dieser Gesellschaften sind die Verwalter des Geldes anderer Leute und nicht ihres eigenen Geldes. Man kann eigentlich nicht erwarten, daß sie dieses Geld mit der gleichen peinlichen Sorgfalt verwal-

[24] Spencer J. Pack, »Capitalism as a Moral System: Adam Smith's Critique of the Free Market Economy (Brookfield, Vt.: Edward Elgar, 1991), S. I.

ten, wie das Partner in einem privat organisierten Gemeinschaftsunternehmen mit ihrem eigenen Geld täten ... Nachlässigkeiten und Verschwendung müssen daher mehr oder weniger in all diesen Unternehmen beim Management an der Tagesordnung sein.«[25]

Moderne Vertreter des freien Unternehmertums könnten dieser Kritik des großen Meisters an ihrer Rolle und an Macht und Einfluß der Aktiengesellschaften wohl kaum standhalten.

Auch seine Ansichten über die Rolle des Staates paßten den meisten Angehörigen der Kultur des Zufriedenseins wohl kaum ins Konzept. Hebt er doch ausdrücklich hervor, daß ein zivilisiertes Land einen großen Ausgabenetat für Dinge braucht, für die, wie er sagte, »ein barbarisches Land« keinen Bedarf hat. Auch seine Einstellung zu Steuerpolitik wäre wohl für manch einen ein Schock: Denn er war von der Idee einer gestaffelten Wohlstandssteuer sehr angetan.

Würde Smith noch leben und die amerikanischen Ballungsräume von heute besuchen, er wäre mit Sicherheit entsetzt davon, welch barbarischen Zuständen man die Menschen in den Innenstädten überläßt. Mit Abscheu würde er bemerken, daß eine starke, teilweise beinahe autonom agierende Militärlobby ihre Interessen mit denen von Industrie und Regierung in einer Weise verzahnt hat, die er nur aufs schärfste mißbilligen könnte. Er würde auch resigniert feststellen, wie umfassend die De-

[25] Adam Smith, »Wealth of Nations«, Teil 3 (New York: P. F. Collier & Son, 1902), S. 112. Deutsch: »Der Wohlstand der Nationen« (München 1990).

regulierung – das heißt, die Freihaltung der Industrie, des Handels und der Finanzwelt von jeglicher staatlichen Kontrolle – in seinem Namen vorangetrieben worden ist. Und er wäre alles andere als froh darüber zu sehen, daß die staatliche Einlagenversicherung, nachdem sie im Fall der Spar- und Kreditvereine noch sinnvoll war, beibehalten wurde und so zum staatlich lizensierten Mißbrauch und zur schamlosen Ausbeutung von überwiegend staatlichen Mitteln geführt hat. Hier hat es nämlich ganz unzweifelhaft eine merkantilistische Verbindung zwischen dem Staat und den privaten Geld- und Kapitalsammelstellen gegeben.

Smith wäre auch bestimmt kein begeisterter Vorkämpfer für die Zwecke gewesen, die man dem Staat im Zeitalter des Zufriedenseins zugemessen hat. Und ich sage noch einmal, dieses alles hätte man entdecken können, wenn man ihn gelesen hätte. Es war wohl eher Naivität als Hinterlist, daß man seinen Namen dazu benutzt hat, der politischen Ökonomie des Zufriedenseins einen wissenschaftlichen Anstrich zu geben.

Um das, unter dem Blickwinkel sozialer Verantwortung gesehen, ungerechtfertigte Streben nach Reichtum zu rechtfertigen, war keine der klassischen Quellen, nicht einmal Adam Smith, wie einfallsreich man ihn auch immer mißbraucht haben mag, wirklich geeignet. Die Probleme, die es hier mit Herbert Spencer und William Graham Sumner gibt, habe ich in den vorausgegangenen Kapiteln beschrieben. Hier war wirklich eine originäre eigene Arbeit, die man mit voller Berechtigung als etwas Neues bezeichnen konnte, notwendig. Die brauchbarsten der so dringend benötigten Ideen lieferte George

Gilder, ein freischaffender Philosoph, dessen ausgezeichnet getimtes und gut geschriebenes Buch »Wealth and Poverty«[26] in den frühen 80er Jahren für die Kultur der Zufriedenen beinahe so etwas wie eine Bibel war.

Mit lobenswerter Offenheit ruft Gilder nach der »Notwendigkeit eines Glaubensbekenntnisses«, die er in einem entsprechend überschriebenen Kapitel nachweist. Er bekennt sich dazu, daß »der materielle Fortschritt unausweichlich zu Eliten führt: Er macht die Reichen reicher und läßt ihre Zahl steigen. Er läßt einige wenige außergewöhnliche Männer sich entfalten, die mit Hilfe der demokratischen Massen Wohlstand produzieren können, der von ihnen konsumiert wird. Materieller Fortschritt ist schwer zu erreichen: Er fordert von seinen Protagonisten viele Jahre Fleiß und Opferbereitschaft, Hingabe und Risikobereitschaft. Alle diese Tugenden werden nur dann hervorgelockt, wenn der Betreffende sich Hoffnung auf ein hohes persönliches Einkommen machen kann.«[27]

Als er feststellte, daß sein dringend benötigtes Credo nicht einmal aus der bewährten orthodoxen Volkswirtschaftslehre abzuleiten war, warnte Gilder davor, daß »materieller Fortschritt und Wirtschaftswissenschaften sich nicht miteinander vertragen: Denn er kann nicht mit Hilfe mechanistischer oder mathematischer Methoden erklärt oder vorhergesagt werden.«[28]

Und wenn er von Maßnahmen sprach, war er sehr

[26] New York: Basic Books, 1981
[27] Gilder, S. 259
[28] Gilder, S. 257

präzise und kategorisch: »Regressive Steuern helfen den Armen.«[29] »Um vorwärts zu kommen, müssen die Armen vor allem die scharfen Sporen ihrer Armut spüren.«[30]

Anläßlich solcher Aussagen drängen sich selbstverständlich Fragen auf, die mit einer mechanistischen oder mathematischen Wirtschaftswissenschaft überhaupt nichts zu tun haben. Der überwiegende Teil der modernen Produktion, auf dem der größte materielle Fortschritt beruht, liegt in Händen der großen Konzerne. Die 500 größten Unternehmen, die das Magazin *Fortune* auflistet, erzeugen ungefähr 60 Prozent der Industrieproduktion in den Vereinigten Staaten.

Die Vorstellung vom Unternehmergenie, das sich in den großen bürokratischen Unternehmen nur von der Aussicht auf Gewinnmaximierung zu Höchstleistungen anstacheln läßt, ist, vorsichtig gesagt, bizarr. Der Beitrag, den großer ererbter Reichtum zum »materiellen Fortschritt« leistet, ist, ebenso vorsichtig gesagt, eher fragwürdig. In den 80er Jahren wurden viele gewaltige Vermögen angehäuft,[31] und zwar mit Hilfe von Buy-Out-Geschäften, mit Junk Bonds oder von blutjungen Wallstreet-Händlern ohne jede Industrieerfahrung, mit Hilfe von Arbitrageoperationen eines Herrn Iwan Boesky oder den Junk Bond Promotions eines Michael Milken. Solche Art Vermögensbildung ist problematisch. In den 80er Jahren stieg der Prozentsatz der sehr reichen Amerikaner – nach der Forbesliste der reichsten 400 – die ihr Vermö-

[29] Gilder, S. 188
[30] Gilder, S. 118
[31] Vgl. Kapitel 5

gen ausschließlich mit Finanzoperationen verdient hatten, signifikant. Der Anteil der aus Industrieerwerb gewonnenen Vermögen – das heißt aus für den materiellen Fortschritt heraus relevanter Tätigkeit – sank dagegen ganz abrupt.

Diese Kritik darf nicht überhört werden. Es war Gilders Verdienst, daß, wie er das für sich selbst so großzügig in Anspruch nahm, nicht mehr der Rationalität, sondern einem Glaubensbekenntnis gefolgt wurde. Er erkannte eine Nachfragelücke und füllte sie, und zwar nicht ohne schriftstellerische Begabung. Er malte den Menschen in den rosigsten Farben die Vorteile aus, die sich für die Gesellschaft daraus ergeben, wenn weiter ungehindert Reichtum angehäuft würde. Und diese Vorstellung war für das Zeitalter des Zufriedenseins von essentieller Bedeutung.

Gilders Grundsätze wurden von vielen Leuten unterstützt. Einer ihrer bekanntesten Advokaten war der ehemalige Wallstreet-Journal-Redakteur Jude Wanniski, der einst begeisterte Kommentare zu der Steuerdoktrin des Professors Arthur Laffer geliefert hatte. Auch er ein prominenter Diener der Kultur des Zufriedenseins.

Nichts war nützlicher für diese Kultur, als den Teil des Einkommens zu verringern, den ihre Angehörigen hätten versteuern müssen. Würde man aber den Steueranteil der wirklich Wohlhabenden senken, bedeutete dies gleichzeitig eine Verringerung der öffentlichen Einnahmen insgesamt. Dies wiederum könnte zur Folge haben, daß die Mittelklasse oder die breite Steuern zahlende Öffentlichkeit insgesamt stärker belastet würde. Selbstverständlich könnten auch die öffentlichen Schulden erhöht werden.

Aber das hätte zwangsläufig den Hautgout des politisch Unverantwortlichen. Nach Professor Laffer würde eine Steuersenkung die gesamten Staatseinnahmen nicht senken, sondern erhöhen. Diese Theorie ist übrigens ein besonders herausragendes Beispiel dafür, wie etwas allein zu Rechtfertigungszwecken zusammengebastelt wurde – von der Realität völlig unbeeinflußt.

Er fährt fort mit der zweifellos richtigen Behauptung, daß es ohne Steuern auch keine Staatseinnahmen geben könne, und, daß andererseits keine Einkommen entstehen können, wenn die Steuern den gesamten Gewinn auffressen. Laffer verbindet diese beiden Erkenntnisse freihändig zu einer Kurve, die zeigt, daß mit steigenden Steuersätzen die aggregierten Einnahmen erst steigen und dann fallen. Einem Gerücht zufolge wurde diese Kurve zunächst auf ein Papiertaschentuch gezeichnet – während eines Abendessens in Washington.

Mittels weiterer Geistesakrobatik kommt Laffer dann zu dem Ergebnis, die Besteuerung in den Vereinigten Staaten habe den ebenfalls – freihändig entwickelten – Punkt eines Optimums bereits überschritten. Daraus wiederum folge, daß eine Steuersenkung die Gesamteinnahmen erhöhen würde. Das diente im Zeitalter des Zufriedenseins ganz allgemein als ausreichende Grundlage für Steuersenkungen und betraf insbesondere die höheren Grenzsteuersätze der sehr gut Verdienenden.

Wir wissen nicht, ob irgend jemand, der bei klarem Verstand war, Laffers Kurve und die daraus abgeleiteten Schlußfolgerungen ernstgenommen hat. Dennoch ist es ihm gelungen zu zeigen, daß Kunstgriffe, die nur der Rechtfertigung bestimmter politischer und weltanschaulicher Vorstellungen dienen, ganz gleichgültig, wie durchsichtig solche Manöver auch sein mögen, von großem praktischen Nutzen sein können. Denn die Steuersenkung in den 80er Jahren war zu einem nicht geringen Maße das Ergebnis des Lafferschen Konstrukts. Von seinen Wissenschaftlerkollegen wurden seine Thesen zwar nicht kritiklos hingenommen. Aber das hat sein Verdienst in keiner Weise geschmälert.[32]

Die Statistiken sprechen für sich. Das Durchschnittseinkommen nach Steuern der oberen 20 Prozent der Einkommensbezieher stieg in konstanten Dollar von 73 700 Dollar im Jahre 1981 auf 92 000 im Jahr 1990.[33] Dagegen ist das Durchschnittseinkommen der Fabrikarbeiter im gleichen Zeitraum gesunken.

Wenn auch die unangenehmen Folgen der sozial sanktionierten progressiven Besteuerung durch diese persönliche Bereicherung gemildert wurden, blieb doch immer noch das Problem mit den Armen. Ihre Forderungen könnten nämlich – vorausgesetzt sie würden auch gehört – zu kostspieligen staatlichen Maßnahmen führen. Au-

[32] Später dann ist die Geschichte nicht so gnädig mit ihm umgegangen. Als Professor der University of Southern California hat er versucht, für einen der Sitze im Senat für die Republikaner nominiert zu werden, wurde aber nur unzureichend unterstützt. Danach wurde er, wenn auch unschuldig in einen Betrugsfall verwickelt, der große Publizität erlangte. Es scheint so, daß Professor Laffer selbst Opfer der optimistischen Finanzillusion geworden ist, die er bei anderen so erfolgreich ausgebeutet hat.

[33] Stellungnahme von Robert S. McNamara, dem früheren Weltbankpräsidenten, vor dem Haushaltsausschuß des House of Representatives der Vereinigten Staaten am 30. Juli 1991.

ßerdem könnten diese Forderungen scheinbar eine gewisse Reaktion des Einkommens von den Reichen und Wohlhabenden auf die armen Schichten rechtfertigen. Also brauchte man eine Rechtfertigungs-Theorie, die dies verhindern konnte.

Mitte der 80er Jahre – aus der Retrospektive gesehen war das wohl nicht anders zu erwarten – wurde diese Theorie dann geliefert. In einem Buch, dessen Argumentation und empirische Absicherung weit über die Angaben der Lafferschen Kurve hinausgehen,[34] liefert Dr. Charles A. Murray die beinahe perfekte These. Obwohl die Murraysche Theorie mit »feineren« Termini beschrieben ist, besteht sie essentiell in der Aussage, daß die Armen arm sind und arm bleiben, weil die staatlichen Maßnahmen und insbesondere die Maßnahmen im Wohlfahrtsbereich sie daran hindern, ihrem Elend zu entfliehen. Denn staatliche Unterstützung verhindert jede persönliche Initiative, die allein Abhilfe schaffen könnte.

Murrays Problemlösung besteht nun darin, »die gesamte bundesweit geltende staatliche Wohlfahrtspolitik und die Maßnahmen zur Einkommensunterstützung für Leute im arbeitsfähigen Alter über Bord zu werfen, einschließlich AFDC (Aids to Families with Depending Children, also der Hilfsprogramme für Familien mit noch abhängigen Kindern) medizinischer Versorgung, Lebensmittelkarten, Arbeitslosenversicherung, Arbeitslo-

[34] Losing Ground: American Social Policy, 1950 – 1980 (New York: Basic Books, 1984)

sengeld, Wohngeld, Arbeitsunfähigkeitsrenten und dem ganzen übrigen Rest.«[35]

Dies allerdings, so räumt er ein, könne in der Praxis vielleicht doch einen ziemlich brutalen Eindruck machen. Obwohl, so schreibt er, »eine große Mehrheit der Bevölkerung davon jährlich unberührt bliebe«,[36] träfe es doch einige zweifellos sehr hart.

Um das zu vermeiden, tritt er in einem Anflug von Mitleid dafür ein, das Arbeitslosengeld weiter zu zahlen. Alles Weitere würden dann Nachbarschaftshilfe und Maßnahmen des Staates, der Kommunen, Städte und die Wohlfahrt für jene besorgen, die aus irgendwelchen Gründen nicht arbeiten oder sich sonst nicht selbst helfen könnten. Damit ist der eigentliche Zweck, dem diese Argumentation von Anfang an diente, erfüllt. Die Armen wären in der öffentlichen Diskussion kein Thema mehr und würden das Gewissen der Wohlhabenden nicht länger belasten. Noch wichtiger aber wäre, daß sie etwas anderes nicht belasten würden: den Staatshaushalt und das Steuersystem. Auch Murrays Theorie wurde nicht gerade sanft kritisiert. Seine wesentliche Aussage aber wurde dankbar aufgegriffen, obwohl auch sie sich auf fragwürdige Zahlen stützte, aber eben doch sehr nützlich war. Denn eigentlich galt es immer nur, die Armen auszugrenzen. Die Zahl der unter der Armutsgrenze lebenden Amerikaner stieg in nur zehn Jahren um 28 Prozent von 24,5 Millionen im Jahr 1978 auf 32 Millionen im Jahr 1988. Das bedeutet, daß heute bereits eins von fünf Kin-

[35] Murray, S. 227–28

[36] Murray, S. 228

dern in den Vereinigten Staaten in Armut geboren wird: ein Verhältnis, das mehr als doppelt so hoch ist wie in Kanada oder in Deutschland.[37]

Mit Murrays Denkansatz war die theoretische Basis für das Zeitalter des Zufriedenseins nun komplett. Wissenschaftlich abgesichert konnte man jetzt folgendes System fordern: mehr Anreize für die Reichen, niedrigere Einkommensteuern ohne Verlust an Gesamteinnahmen, weniger soziale Stützungsmaßnahmen für die Armen. Und bei all dem konnte man sich noch auf die Theorien des Klassikers Adam Smith berufen. Fügt man sie zusammen, ergeben diese Theorien das, was »Supply Side Economics« (angebotsorientierte Wirtschaftspolitik) genannt wurde. Soweit man ihre Aussagen überhaupt präzisieren kann, ist damit eine Wirtschaftspolitik gemeint, die sich nicht auf die Gesamtnachfrage in der Wirtschaft beeinflussende Faktoren konzentriert, sondern auf jene, die mittels Ausweitung des Güter- und Dienstleistungsangebots zu Wirtschaftswachstum führen. Offenbar müssen also nicht nur die Armen die Sporen ihres Elends spüren, sondern auch die Reichen die Sporen der Sucht nach noch mehr Geld.

In einem Ende 1981 veröffentlichten[38] Interview, das die allgemeine Harmonie ziemlich aus dem Gleichgewicht brachte, hatte David Stockman, Haushaltsdirektor und eine der bedeutendsten Persönlichkeiten in der Wirtschaftspolitik der ersten Reagan-Administration, gesagt,

[37] Stellungnahme McNamaras, a. a. O.

[38] Mit William Greider, »Education of David Stockman«, The Atlantic, Dezember 1981

daß die jüngsten Theorien nichts weiter hergäben, als nützliche Titelgeschichten. Ihr eigentlicher Zweck hätte immer darin bestanden, die Steuern für die Reichen zu senken.

Relevant war nur die bereits erwähnte Trickle-down-Theorie, die man in dem schon zitierten und nicht sehr eleganten Satz zusammenfassen kann: Wenn man einem Pferd nur entsprechend viel Hafer gibt, werden schon genug Spatzen davon sattwerden. Die Offenheit in diesem Interview rief tatsächlich eine gewisse Unruhe hervor. Die Angehörigen der neuen Administration waren irritiert. Einige der Kritiker der Reagan-Regierung stürzten sich dankbar auf dieses Eingeständnis. Und sogar der Präsident, so hieß es zunächst, wenn es später allerdings auch wieder dementiert wurde, habe sich Stockman vorgenommen und ihm ernsthaft ins Gewissen geredet. In Wirklichkeit hatte die Angelegenheit nur geringe Folgen. Zweck der in diesem Kapitel angeführten ökonomischen Theorien war genau der, den Stockman entlarvt hatte. Der Staat sollte dazu gebracht werden, der Kultur des Zufriedenseins die gewünschten Dienste zu erweisen.

9

Das Vergnügen und die Wirklichkeit

Bevor wir untersuchen, in welcher Form die Denkweise der Wohlhabenden und Zufriedenen die Außenpolitik der Vereinigten Staaten beeinflußt hat, ist es wichtig, sich einige grundlegende und in der Tat einzigartige Merkmale dieses Feldes staatlicher Politik und ihrer Maßnahmen in Erinnerung zu rufen. Die Wesenszüge der amerikanischen Außenpolitik werden heute in besorgniserregender Weise ignoriert.

Außenpolitik ist meist, von Krisenzeiten abgesehen, relativ frei von wirtschaftspolitischen Bedenken und Zögerlichkeiten, die für die Innenpolitik Geltung haben. Nicht zuletzt wegen ihrer Folgen für Steuern, staatliche Dienstleistungen und staatliche Lenkung findet die Innenpolitik meist ein starkes öffentliches Interesse. Außenpolitische Initiativen dagegen bleiben oft eher unbeachtet. Verändern sich die offiziellen politischen Gewichtungen gegenüber einem anderen Land, macht das zwar Schlagzeilen, doch das Leben des Durchschnittsbürgers wird davon nicht im mindesten beeinflußt.

Werden die Vertreter besonders verabscheuungswürdiger Diktaturen mit Höflichkeit und Ehrerbietung behandelt, mag dies zwar Widerspruch hervorrufen. Dennoch sind nur wenige Amerikaner davon konkret betroffen, es sei denn in ihrer Moral. Öffentlicher Protest hat daher eher rhetorische Bedeutung und wird entsprechend wenig ernstgenommen.

Wenn Fernseh- und Zeitungskommentare davon berichten, warum das gute Verhältnis der Vereinigten Staaten zu einem anderen Staat gestört sei, so geht das in der Praxis nur wenige Regierungsvertreter an: Für eine begrenzte Zeit müssen Vertreter beider Seiten ihr Verhalten ändern. Die Schlagzeile einer Zeitung, wonach die Regierung der Vereinigten Staaten mit großer Sorge Entwicklungen in Guatemala, auf den Philippinen oder an der Elfenbeinküste beobachte, ist für den Durchschnittsamerikaner eben nur eine Verlautbarung. Schon um zu vermeiden, daß man diplomatische Konsequenzen später wieder zurücknehmen muß, sind entscheidende Maßnahmen eher selten. Der politisch und analytisch anspruchslose Charakter außenpolitischer Routine wird deutlich, wenn man beobachtet, wie die Verantwortlichen ins Amt geholt werden. Mit jeder neuen Regierung werden die höchsten Beamten des Department of State neu berufen, ohne daß sie eine entsprechende Qualifikation nachweisen müßten.

Noch deutlicher läßt sich diese Tatsache am Beispiel der Auslandsbotschafter demonstrieren. Sie erhalten ihre Posten, ohne vorher auch nur die geringste diplomatische Erfahrung gesammelt zu haben oder von dem Land, in dem sie eingesetzt werden, etwas zu wissen – vielleicht mit Ausnahme des Namens der Hauptstadt. Zwar wird diese Praxis gelegentlich kritisiert, aber von Konsequenzen hat man noch nichts gehört.

Darüber hinaus genießen die Mitarbeiter im diplomatischen Dienst ein besonderes Ansehen. In einem gewissen Maße gilt das selbstverständlich auch für Regierungsmitglieder im Inland – nicht zuletzt deshalb, weil sie von Prestige und Macht eines so großen Staates profitieren. Sicher auch ein Grund dafür, daß so viele Leute in den Staatsdienst streben. Aber jener Teil der Bevölkerung, der die Handlungsweise der Regierung zumindest in gewissem Maße als schädlich ansieht, reagiert gelegentlich negativ.

Wer dagegen im außenpolitischen Bereich arbeitet, bleibt von solcher Art Kritik verschont. Dort wird nicht etwa ein realistisches Bild der Vereinigten Staaten vermittelt; dort wird sich zufrieden im Glanz des diplomatischen Status gesonnt.

Manch einer hat deshalb schon versucht, seinen Botschaftertitel nach dem Ausscheiden aus der aktiven politischen Laufbahn hinüberzuretten. Ein wenig Glanz des einstigen Amtes wird dann ja wohl noch auf sie abstrahlen. Zu diesem Zwecke nehmen sie an Konferenzen teil, um sich absolut beliebige Ereignisse und Entwicklungen in der Außenpolitik aufzählen zu lassen sowie entsprechend unwahrscheinliche Prognosen über außenpolitische Beziehungen. Erörtert wird dabei nichts weiter als längst bekannte und allseits akzeptierte Standpunkte. Eine Tendenz, die nebenher ganz allgemein zu beobachten ist, wenn außenpolitische Ratgeber und andere sogenannte Fachleute sich äußern. Als der Präsident während des Vietnamkrieges die höchsten Würdenträger des außenpolitischen Establishments zusammenrief – im Volksmund hießen sie die Weisen Männer –, weil er ihren Rat hören wollte, setzten sie auf den uneingeschränkten Einsatz der Streitkräfte. Diesem Rat blieben sie treu, und er wurde auch befolgt bis genau zu jenem Augenblick, als das politische und militärische Desaster nicht mehr zu übersehen war. Nun rieten mit einem Male auch die Experten dazu, sich aus dem Konflikt zurückzuziehen.

Die moderne Außenpolitik hat Freizeitcharakter. Man kann das gut daran erkennen, wie die Besuche eines Präsidenten, Vizepräsidenten oder Außenministers in der Hauptstadt eines befreundeten Staates verlaufen. Begrüßungszeremonien und Beifall, wie sie zu Hause nicht zu erwarten gewesen wären, sind den Vertretern hier sicher. Solchem anheimelnden Empfang folgen freundliche und nichtssagende Gespräche, die aber immerhin in einem erfreulichen Gegensatz zu den Konflikten innenpolitischer Auseinandersetzungen stehen. Kommuniqués werden herausgegeben, oft schon im voraus verfaßt. Sie berichten dann von mehr oder weniger fiktiven Diskussionen und der daraufhin angeblich erzielten politischen Übereinstimmung.[39]

Der Durchschnittsbürger geht davon aus, daß hohe Beamte der Außenpolitik ihre Motivation ausschließlich daraus beziehen, unmittelbar nationalen Interessen zu dienen. In Wirklichkeit reisen sie aber offensichtlich zu ihrem persönlichen Vergnügen in der Welt herum.

[39] Etwas, das mich in meiner Einstellung zu diesem Verlauf bestätigt, ist die Tatsache, daß ich einige dieser Dokumente selbst entworfen habe. Und wie ich bereits vorher, wenn auch zweifellos etwas übertrieben, gesagt habe, war es diese Erfahrung, die mir mein, später nicht ohne Ertrag gebliebenes, Talent zur Dichtung und zum Geschichtenerzählen erst bewußt gemacht hat.

Der Reichtumg Amerikas und die darauf beruhende Freigebigkeit der Vereinigten Staaten gegenüber dem Ausland haben in der Vergangenheit eine lustvoll unabhängige Außenpolitik garantiert. Die Vertreter Amerikas und amerikanischer Interessen sind im Ausland stets auf jene abgewogene und positive Resonanz gestoßen, die (wie übrigens auch im privaten Bereich), höchst willkommenen Geldgebern und Geldquellen immer entgegengebracht werden. Der Marshall-Plan nach dem Zweiten Weltkrieg, die AID-Programme und die umfangreichen Kredite, die nach Lateinamerika und an andere arme Länder vergeben wurden, haben den Vereinigten Staaten den Ruf eines reichen und generösen Verwandten eingebracht, dem man Respekt und Dank schuldet. Und all jene, die, wenn auch nur marginal und manchmal sogar nur rein rhetorisch, an diesen Programmen beteiligt waren, haben sich in ihrem Erfolg gesonnt und den Beifall genossen.

Ich denke, ich konnte in diesem Kapitel deutlich machen, daß die Außenpolitik in unserem Staat eine privilegierte Rolle spielt. Wurde sie auch noch vor Jahren wegen ihrer rüden Methoden angegriffen, ist ihr Konfliktpotential inzwischen lange nicht mehr so groß wie das der desaströsen Innenpolitik. Schon vor Beginn der 80er Jahre und auch vor der Amtszeit des Präsidenten Bush setzte sich eine große Begeisterung für die Außenpolitik durch. Denn die drängenden sozialen Fragen des Landes versprachen nicht solch leicht zu erringenden Lorbeer.

Außenpolitik bedeutete schon seit Generationen überwiegend Freizeit und Vergnügen. Eine Tatsache, die ihre Anziehungskraft auf die zufriedene Oberschicht erklärt.

In den Jahren vor dem Zweiten Weltkrieg konnte ein Gentleman, der ein erhebliches Vermögen besaß und der einen in Princeton, Harvard oder Yale erworbenen akademischen Grad vorweisen konnte, nicht einfach im Landwirtschafts- oder Handelsministerium arbeiten. Ganz gewiß aber nicht im Arbeitsministerium. Eine Tätigkeit im Department of State oder als Botschaftsangehöriger im Ausland aber kam ganz selbstverständlich in Frage. Das State Department hat viel von einem exklusiven Herrenclub. Auch Abordnungen in Länder unter ultrareaktionärer oder diktatorischer Herrschaft wurden akzeptiert. Vielleicht ist der Genuß diplomatischer Privilegien in einem solchen Staat sogar besser gewährleistet als andernorts. Und es ist nicht auszuschließen, daß genau deshalb rechtstaatlich fragwürdigen Regierungen gegenüber eine besondere Toleranz geübt wurde. Einem – erhärteten – Gerücht zufolge, soll Präsident Roosevelt zu Beginn des Zweiten Weltkrieges gesagt haben, der einzige Beitrag des State Department im zu erwartenden »Konflikt« werde eine neutrale Position sein.

Nach dem Ersten Weltkrieg und der Konferenz von Versailles versuchten die ins Privatleben zurückgekehrten Diplomaten, ausgestattet mit hervorragender gesellschaftlicher Stellung und entsprechender Reputation, zu retten, was zu retten war. Sie gründeten den Council on Foreign Relations in New York. Kurz darauf, und das war keineswegs überraschend, wurde ein weiterer Club gegründet. Die Mitgliedschaft war Personen vorbehalten, die von sich selbst behaupteten, sie hätten außenpolitische Erfahrungen gesammelt. Zumindest führten sie akademische oder journalistische Arbeiten ins Feld, die irgendwie mit Außenpolitik zu tun hatten. Ihre Zusammenkünfte dienten zwar angeblich nationalen Interessen, bei genauerer Betrachtung aber handelte es sich um Veranstaltungen, deren Teilnehmer überwiegend an ihrem persönlichen Vergnügen interessiert waren. Wirkliches Niveau besaßen die dort geführten Diskussionen wohl selten. Und selbstverständlich wurden sie auch aus anderen Gründen nicht mit derselben Schärfe geführt wie im innenpolitischen Bereich. Keines der fraglichen Themen hatte einen erkennbaren Bezug zu den finanziellen Leistungen, Gewinnmargen, zur Freiheit oder zum Wohlstand des Normalbürgers. Reden und Debatten, die, einem guten Brauch folgend, immer im gemäßigten Rahmen des tradierten und von allen akzeptierten Weltbildes blieben, gingen nie über das hinaus, was zur Bewahrung der liebenswürdigen und ruhigen Atmosphäre in diesen Veranstaltungen sowohl erforderlich als auch vertretbar war.[40]

Eine solche Tradition, angenehm und erfolgversprechend, wird natürlich gepflegt und setzt sich in ähnlichen Treffen in anderen Städten fort, wenn vielleicht auch in einer ein wenig disziplinierteren Art – manchmal mit der Absegnung wissenschaftlicher Autorität, nämlich in Colleges und Universitäten.

Außenpolitische Veranstaltungen, die eher Freizeit-

[40] Ich spreche da als jemand, der ein einziges Mal Mitglied dieses Rates war. Ich habe darüber hinaus diese Gedanken bereits in »Staying awake at the Council on Foreign Relations«, Washington Monthly (September 1984) einer Besprechung von Robert D. Schulzinger, Wise Men of Foreign Affairs (New York, Columbia University Press, 1984) dargelegt.

veranstaltungen gleichen, sind allerdings nicht nur typisch für die Vereinigten Staaten. Die Bilderberg-Konferenz und die trilaterale Kommission versammeln auch im Ausland Autoritäten der Außenpolitik, einschließlich ehemaliger Regierungsvertreter, zu ausgedehnten und vergnüglichen Diskussionen. Niemand glaubt ernsthaft daran, von diesen Treffen könne irgendeine Wirkung ausgehen. In Wirklichkeit sind sie nur eins: Freizeitgestaltung in ihrer distinguiertesten Form.

Verglichen mit den Diskussionen über Haushaltsfragen, Steuern, Drogenprobleme, Gesundheitswesen oder Abtreibungsgesetze ist die Außenpolitik also ein beispiellos friedliches Terrain. Eine Oase gewissermaßen. Wenn politische Cliquenwirtschaft beklagt wird, dann geschieht es hier. Sie steht immer über dem »schmutzigen Geschäft der Politik«. Außenpolitik ist für die darauf fixierten Wähler immer eine Politik, in der Vetternwirtschaft, persönliche Interessen und Vorteilsnahme keine Rolle spielen.

In den Vereinigten Staaten gibt es, wie im übrigen in anderen Ländern in politisch sonst ruhigen Zeiten auch, manchmal heftige Kontroversen auf politischen Nebenkriegsschauplätzen. Solche Debatten entbrennen etwa, wenn die Nationalflagge verbrannt wird, wenn andere patriotische Pflichtübungen verlangt werden, die in den Public Schools auf Proteste stoßen. Diese Kontroversen werden seitens der Regierenden und der Zufriedenen weniger deshalb ausgetragen, weil sie einer Klärung dienen, sondern weil auch das gelegentliche Aufeinanderprallen unterschiedlicher Meinungen politisch höchstwillkommen ist. Es wahrt den Demokratieanspruch. In abgeschwächter und erfreulicher Form hat es das auch im Rahmen mancher außenpolitischer Debatte in den letzten Jahren gegeben.

Wenn auch niemand die politischen Formen und die zivilisierte Kommunikation bedauern muß, die in der Vergangenheit Charakteristika der Außenpolitik waren, so hat die wirkliche Politik sich doch immer auf niedrigerem Niveau bewegt. Selbstverständlich überzeugt auch Begeisterung, manchmal sogar Euphorie die Gegenseite gelegentlich davon, in andere Richtungen zu denken. Aber fast alle außenpolitischen Erfolge der Vereinigten Staaten gründeten sich auf zwei (und nur auf zwei) Eckpfeiler: Ihre wirtschaftliche Macht, also die Teilhabe an ihren wirtschaftlichen Ressourcen – und die militärische Macht, also die damit verbundene Gefahr, daß diese auch tatsächlich eingesetzt würde. Rein rhetorische Bemühungen und die eher an Freizeitvergnügen interessierten Außenpolitiker haben jedenfalls wenig bewirkt, zumindest wenn man sie daran mißt, wie Veränderungen in der Außenpolitik sich haben entwickeln können.

Die wirtschaftliche Stärke Amerikas war das prominenteste Merkmal politischer US-Macht nach dem Zweiten Weltkrieg. Der Marshall-Plan und die AID-Programme, später dann der amerikanische Einfluß auf die Weltbank und im Internationalen Währungsfonds, die dringende Notwendigkeit für andere Länder, auf dem amerikanischen Markt wirtschaftlich Fuß zu fassen, waren von entscheidender Bedeutung für Erfolg und außenpolitische Initiativen der USA. Sie waren das Sinnbild für den wirtschaftlichen Erfolg in der Welt. Und die umfangreichen Geldmittel, die die privaten Kreditgeber – ungeachtet der zum Teil verheerenden Folgen – vertrauensvoll verteilten, waren entscheidend für den Erfolg der Außenpolitik Amerikas.

Amerika als Militärmacht hat in ähnlicher Weise zur Positionsfestigung des Landes beigetragen. Auf wirtschaftlicher und militärischer Stärke hat die amerikanische Außenpolitik über viele Jahre beruht. Im Zeitalter des Zufriedenseins hat sich jedoch die Bedeutung dieser beiden Eckpfeiler amerikanischer Außenpolitik nachhaltig verändert.

In den 80er Jahren wurden die Vereinigten Staaten bekanntlich vom größten Gläubiger zum größten Schuldner der Welt. Diese Tatsache hat die Außenpolitik gravierend verändert. Nun genießt ein Gläubiger Respekt, Einfluß und Vertrauen. Ein Schuldner dagegen ist darauf angewiesen, um Respekt, Einfluß und Vertrauen zu werben. Dies ist in der Tat ein sehr großer Unterschied.[41]

Wiederum kamen die Zufriedenen und Etablierten zum Zuge. Man muß sich daran erinnern, daß die Vereinigten Staaten, Großbritannien, Kanada, Australien und Frankreich aus dem Zweiten Weltkrieg als Sieger hervor-

[41] Der wirtschaftliche Wandel, der sich vollzogen hat, wird noch nicht überall registriert. So hat der von mir sehr geschätzte Harvard-Kollege Joseph S. Nye in seinem Buch »Bound to Lead: The Changing Nature of American Power« (New York: Basic Books, 1990) geschrieben, daß »die Vereinigten Staaten die größte und reichste Macht mit der größten Kapazität zur Gestaltung der Zukunft bleiben.« Jedoch konzediert auch er, daß es da »an Bereitschaft (auf seiten der Amerikaner) fehlt zu investieren, um das Vertrauen in die Fähigkeit der Amerikaner, international die Führungsrolle zu übernehmen, aufrechtzuerhalten«, und er fügt vielleicht etwas bedauernd hinzu, »daß in einer Demokratie die Politik vom Volk bestimmt wird« (S. 261)

gingen. Alle Siegermächte, besonders aber die Vereinigten Staaten, konnten mit Stolz auf ihre militärischen Erfolge zurückblicken. Und genau das genossen sie.

In den Ländern der ehemaligen Kriegsgegner Japan, Deutschland und Italien war die Stimmung dagegen genau entgegengesetzt. Sie hatten eine zweifellos verheerende Niederlage hinnehmen müssen. Ob echt oder unecht – sie übten sich in Selbstkritik. Und deshalb – sowie aus vielen anderen Gründen, mußten sie sich mehr anstrengen.

Auf der einen Seite haben wir es also mit dem Zufriedensein des Siegers zu tun und auf der anderen mit dem ehrgeizigen Bedürfnis der Besiegten, ihre Scharten auszuwetzen.

Ein quantitativer Beleg für einen Vergleich der wirtschaftlichen Effizienz vor dem Hintergrund der beiden Ausgangssituationen existiert nicht. So etwas gehört wohl auch eher in jenen Bereich der Wirtschafts- und Sozialwissenschaften, der von objektiven Urteilen unabhängig ist. Dennoch gab es spezifische und konkrete Maßnahmen, die sich aus dem Unterschied von Siegern und Besiegten ableiten lassen.

Im Zweiten Weltkrieg besiegte Länder glaubten, daß ihr Zusammenbruch mit ihrem vormaligen militärischen Machtanspruch zusammenhing. Sie setzten nun all ihre Kraft in den Aufbau einer effizienten, überlegenen Wirtschaft. Im Gegensatz dazu fühlten sich die Vereinigten Staaten auch weiterhin verpflichtet, ihre militärische Stärke aufrechtzuerhalten, ja, aufgrund der zementierten Macht des militärischen Establishments, nahm diese Stärke noch zu.

Praktische Konsequenz davon war, daß die Vereinigten Staaten in den 80er Jahren 5,2 bis 6,5 Prozent ihres Bruttosozialprodukts für militärische Zwecke ausgaben. Die Bundesrepublik Deutschland dagegen gab weniger als die Hälfte des amerikanischen Prozentsatzes und Japan sogar weniger als ein Prozent seines Bruttosozialprodukts für militärische Zwecke aus.

Diese Mittel gingen in Amerika zu Lasten der Investitionen und des Verbrauchs im zivilen Bereich. Die Mittel, die Japan und die Bundesrepublik im Vergleich zu Amerika eingespart hatten, standen indessen zivilen Zwecken, insbesondere der zivilen Industrieproduktion zur Verfügung. Auch der Einsatz hochqualifizierter Fachleute war von entscheidender Bedeutung. Es gibt Rechnungen, nach denen ein Viertel bis zu einem Drittel des wissenschaftlichen Nachwuchses und aller wissenschaftlichen Talente im Bereich der Natur- und Ingenieurwissenschaften in den vergangenen Jahren mit relativ unfruchtbaren Forschungs- und Entwicklungsaufgaben auf dem Gebiet der Waffentechnik befaßt waren. Diese Talente haben die Japaner und die Deutschen dagegen genutzt, um ihre zivile Produktion zu verbessern. Japan hatte den Krieg aufgrund der industriellen Leistungsfähigkeit der Vereinigten Staaten verloren. Nun, im Frieden, hat es im Bereich produktiver Dienstleistungen die amerikanischen Verbraucher erobert. Es hält darin die Position, die sein ehemaliger Feind einmal innehatte.

Aber da ist noch etwas. Die erheblichen Auslandsschulden der Vereinigten Staaten sind das Ergebnis der Wirtschaftspolitik im Zeitalter des Zufriedenseins. Um diesen Schuldenberg nicht noch zu vergrößern, hielten sich die Vereinigten Staaten bei Auslandsaktivitäten sehr zurück. Dies gilt insbesondere für Bereiche wirtschaftlicher Zusammenarbeit, mit der man sich im Ausland wirtschaftliche Unterstützung erkaufen kann. Kehrseite der Medaille ist die drohende Gefahr höherer Steuern. Und nichts verstößt so sehr gegen die von den Wohlhabenden bevorzugten Grundsätze der Wirtschaftspolitik wie diese Gefahr.

Im Golfkrieg von 1991 haben Japan und Deutschland trotz der überragenden Rolle, die sie als Wirtschaftsmächte spielen, jede aktive militärische Beteiligung abgelehnt; sie haben Finanzhilfe angeboten, weil sie sich bewußt waren, daß sie ihrer Wirtschaftskraft ihre herausragende Stellung in der Welt verdanken. Die Vereinigten Staaten, die sich dagegen politisch voll und ganz auf ihre militärische Stärke verlassen haben, mußten auf diese Hilfe zurückgreifen. Und es war kaum zu übersehen, daß die amerikanischen Soldaten, die ja schließlich die Hauptlast in dieser militärischen Auseinandersetzung zu tragen hatten, ein wenig wie eine von Japan, Deutschland und Saudi-Arabien finanzierte Söldnertruppe wirkten. Nichts hat die veränderte wirtschaftliche und militärische Position der amerikanischen Außenpolitik so deutlich gemacht wie die Forderungen Washingtons an die Alliierten, sich finanziell an dem Krieg zu beteiligen.

Der Niedergang der amerikanischen Wirtschaftsmacht hatte aber noch andere, für jedermann erkennbare Folgen. Als nach 1989 in der Sowjetunion und den anderen osteuropäischen Ländern die kommunistische Kommandowirtschaft zusammenbrach und ein Wechsel in die

Marktwirtschaft angestrebt wurde, wäre es politisch von vitaler Bedeutung gewesen, diese neuen demokratischen Strukturen mit entsprechender Wirtschaftshilfe aus dem Ausland zu unterstützen. So aber wurde das Streben nach individueller Freiheit und Demokratie mit leeren Läden und sozialer Härte bestraft. Hilfe aus dem Westen kam nur sehr zögernd, und am zurückhaltendsten verhielten sich die Vereinigten Staaten. Großzügig war man nur, wenn es darum ging, wirtschaftlichen Rat zu erteilen, der ja schließlich kein Geld kostete.

Im Zeitalter des Zufriedenseins wurde Außenpolitik also passiv und wie zum persönlichen Vergnügen betrieben. Ihre wichtigsten Stützen waren wirtschaftliche und militärische Macht. Wie wir gesehen haben, ist nur die militärische Machtposition erhalten geblieben. Damit werden wir uns in den nächsten beiden Kapiteln beschäftigen.

10

Die Macht des militärischen Establishments I

Eine von Ronald Reagans ersten Bemerkungen zu seiner Präsidentschaftswahl (und die wohl am häufigsten kolportierte) lautete, daß in den Vereinigten Staaten die Regierung nicht die Lösung der Probleme, sondern das Problem selbst sei. Eine Gruppe hat er allerdings von diesem vernichtenden Urteil ausgenommen: nämlich alle jenen Angehörigen der Regierung, die für die Streitkräfte oder für die ihnen angegliederten Bereiche arbeiten. Nur diese Angehörigen einer schon beispiellosen »Filzokratie« brauchte man offenbar wirklich.

Der Realität politischer Verhaltensweisen nähert man sich wohl am besten durch Übertreibung. Der Präsident war auch hier wiederum eins mit seiner Wählerschaft. Wie wir gesehen haben, gab es zahlreiche Bereiche der Regierung, die in den Jahren des Unzufriedenseins als unentbehrlich galten (und es tatsächlich immer noch sind), um die wählende Mehrheit bei Laune zu halten. So ware es politisch fatal gewesen, die Social Security, also die Alterspensionen zu streichen oder einzuschränken – oder auch die öffentlich finanzierte Gesundheitsvorsorge. Krankheit ist eine teure und lästige Angelegenheit, auch für wohlhabende Leute. Die Subventionierung von Landwirtschaftseinkommen stand ebenso hoch im Kurs wie die staatliche Auffangaktion von Banken und Finanzinstitutionen, denen der Konkurs drohte: Denn diese Unterstützung kam denen zugute, die diesen Instituten ihr Geld anvertraut hatten. Die Großkunden einer großen Bank, der die Pleite droht, werden durch die staatlichen Stützungsmaßnahmen aufgefangen. Selbstverständlich kann die Regierung aber doch die Lösung des Problems sein: für die zufriedene Oberschicht – und solange, wie der Wohlstand nicht in Gefahr ist. Sogar Präsident Reagan, wenn er denn überhaupt jemals nachgedacht hat, hätte zugegeben, daß man alles daran setzen muß, den Wohlstand zu erhalten. Besser: Seine Berater hätten es ihm dringend empfohlen.

Jedes andere Credo hätte nämlich seine Anhänger, respektive deren Wohlstand sofort in Gefahr gebracht. Und sie hätten entsprechende Kritik geäußert. Daß Reagan die Militärs von seiner Schelte ausgenommen hat, war politisch ebenfalls klug. Seine Wähler hatten in dieser Richtung ganz eindeutig Position bezogen und ihre besonderen Interessen deutlich gemacht. Dabei sind sie auch geblieben. Zusammen mit der wirtschaftlichen Macht ist nämlich, wie wir schon gesehen haben, die militärische Macht eine der zwei Säulen der Außenpolitik – der tatsächlichen Außenpolitik, nicht deren rhetorischer Zielsetzung.

Mit Ausnahme kurzer Unterbrechungen galt während der letzten 50 Jahre das tief in die Kultur des Zufriedenseins eingebettete militärische Establishment als Bollwerk gegen den Kommunismus, der wohl gefährlichsten aller vermeintlichen Gefahren für die zufriedene Oberschicht. Die Furcht vor dem Kommunismus war fest in der Psyche der Wohlhabenden und Zufriedenen verankert. Die Bedrohung der Freiheit, der Verlust an Freiheitsspielräumen wurden häufig zitiert, besonders akut aber war die angebliche Gefährdung des Privateigentums. Bereits in der Zeit nach dem Ersten Weltkrieg – also nicht etwa erst in den 40er und 50er Jahren – nahm die Furcht vor dem heimischen Kommunismus paranoide Züge an.

Die Exzesse von Palmer, der alle subversiven ausländischen Elemente zusammentreiben, einsperren und dann ausweisen wollte, war eine dieser früheren Reaktionen auf die Kommunismusfurcht. Für alles Schöne und Angenehme, wie es insbesondere das Leben der zufriedenen Oberschicht zu bieten hat, muß es wohl aus psychologischen Gründen auch eine Gefährdung dieser Privilegien als Gegenkraft geben. Das Leben zu genießen, ohne derartige Möglichkeiten in Betracht zu ziehen, wird als sorglose, naive Flucht vor der harten Wirklichkeit angesehen. Und hier gab es nun die Bestätigung dafür auf höchster Ebene: Die marxistische Lehre hatte über ein gutes Jahrhundert hinweg die Privilegierten als natürlichen Feind der Kommunisten ausgemacht. Daß sich die Lage total verändert hatte, weil nicht mehr selbstsüchtige, ausbeuterische Kapitalisten im Wohlstand lebten, sondern eine ganze Menge anderer Leute auch, blieb weitestgehend unbemerkt. Nach den Zeiten Palmers, J. Edgard Hoovers und McCarthys wurde den Menschen erst im nachhinein die wirkliche Situation bewußt. Paranoia wurde nun auch als solche erkannt. Die Spekulation über die Gefahr einer kommunistischen Machtübernahme im eigenen Land nach der Art »A Conspiracy so Immense«[42] wurde als lächerlich und abwegig angesehen.

Nichtsdestoweniger blieb der Kommunismus eine ständige Quelle der Furcht. Selbst als diese Besorgnis – milde ausgedrückt – schon ein wenig albern wirkte, wurde er dennoch international weiterhin als große Gefahr angesehen. Auch diese Furcht hatte ihre durchaus angenehmen Seiten: Wie schon im Bereich der Außenpolitik war auch »die Gefahr des Kommunismus« für die Welt ein willkommener Vorwand, sich zu treffen, dieses Thema zu diskutieren, obwohl sich doch alle darin einig waren, daß die Hauptgefahr von der Sowjetunion und ihren osteuropäischen Verbündeten ausging. Aber der Kommunismus mußte eben immer und überall, wo er auf der Welt Fuß zu fassen drohte, bekämpft werden.

Kein Politiker hätte es sich leisten können, dem Kommunismus gegenüber als »weich« zu gelten. Und deshalb war jeder Politiker offen für die Forderungen des militärischen Establishments, bedeutete militärische Stärke doch das zentrale Instrument, um den Kommunismus abzuwehren. »Weich« in Verteidigungsfragen zu sein, war dementsprechend gleichbedeutend mit »weich« gegenüber dem Kommunismus zu sein.

Die Angst vor dem Kommunismus war auch Ursache für drei wichtige Entwicklungsphasen der militärischen Macht, wie sie so nur in der politischen Ökonomie des Zufriedenseins möglich waren. Während der ersten wuchsen die ohnehin schon hohen Militär- oder Verteidi-

[42] Es handelt sich dabei um den Titel eines Buches von David M. Oschinsky (New York: Free Press, 1983).

gungsausgaben ins immense: die Aufrüstung der Reagan-Regierung in den 80er Jahren. In der zweiten Phase erreichte das militärische Establishment eine ungeahnte Autonomie außerhalb jeder demokratischen Kontrolle.

Und in der dritten gab es dann eine Reihe von militärischen Operationen im Ausland, die angeblich unternommen wurden, um die drohende Ausbreitung des Kommunismus zu stoppen, die aber darüber hinaus den Zweck verfolgten, die zunehmende Macht des militärischen Establishments zu rechtfertigen. Deshalb wurde eben an allen möglichen Ecken der Welt der vermeintliche Feind präsentiert. Die zweite und die dritte Phase werde ich in den folgenden Kapiteln behandeln.

Der Ausbau des Verteidigungssystems gehörte in den 80er Jahren in den Vereinigten Staaten wohl zu den am häufigsten kommentierten politischen Ereignissen überhaupt. In diesem Jahrzehnt stiegen die Ausgaben von 142 Milliarden Dollar im Jahr 1980 auf 299 Milliarden Dollar im Jahr 1990 und in konstanten Dollar von 1990 sogar von 130 Milliarden Dollar auf 299 Milliarden Dollar.[43] Dieser Anstieg des Militäretats beruhte nicht etwa auf von außen drohenden Gefahren. Das wurde auch gar nicht behauptet. Dieser gewaltige Ausgabenzuwachs war einzig und allein der Furcht der wohlhabenden und zufriedenen Wählerschaft zu verdanken, die nun das Sagen hatte.

Selbstverständlich stand schon lange zuvor fest, daß das Atomwaffen-Arsenal für einen x-fachen Overkill ausreichte. Und es war auch allgemein bekannt, daß diese Aufrüstung mehr symbolischen Charakter als prakti-

[43] Economic Report of the President, 1991.

schen Wert hatte. Betagte Schlachtschiffe von mehr als 50 Jahren wurden unter einem beträchtlichen Kostenaufwand wieder in Dienst gestellt, obwohl Experten sich darin einig waren, daß sie im Ernstfall sehr verwundbar, also leicht zu versenken wären. Das SDI-Programm (Strategic Defense Initiative), im Volksmund Krieg der Sterne genannt, wurde blind vorangetrieben, obwohl nach Meinung international renommierter Wissenschaftler kaum eine Chance bestand, daß es auch funktionieren würde. Dahinter standen handfeste finanzielle Interessen. An den hohen Verteidigungsausgaben verdienten, genau wie bei den staatlichen Bürgschaften für die Spar- und Kreditvereine und anders als bei den Ausgaben für Wohlfahrtszwecke und Bildung, in den großen Städten viele Leute mit – Manager, Wissenschaftler, Ingenieure, Lobbyisten, Arbeiter der Rüstungsindustrie – die alle fest im großen Kreis der Wählerschaft der Zufriedenen verankert waren.

Bevor wir die Rolle des Militärs in der Kultur des Zufriedenseins weiter untersuchen, sollten wir ein Merkmal besonders unter die Lupe nehmen. Im Zusammenhang mit der allgemeinen Zustimmung zu den Verteidigungskosten hat es manch einem erhebliche Kopfschmerzen bereitet, ja, es war ein richtiges Tabuthema: Die Gruppe der Zufriedenen hat ein problematisches Verhältnis zum Wehrdienst. Selbstverständlich nur, wenn sie selbst betroffen ist – inklusive ihrer Kinder und Enkelkinder. Es könnte ja der Ernstfall eintreten. In anderen Teilen der Welt, in denen das Leben jungen Menschen nur wenig zu bieten hat, spielen derartige Überlegungen keine so große Rolle. Dies ist wohl einer der Gründe dafür, daß Krieg und Tod weit überprozentual die ärmsten Menschen auf diesem Planeten trifft. Sie sind nämlich besonders leicht davon zu überzeugen, daß es ihnen in einem nächsten Leben besser gehen werde, weil es den meisten kaum schlechter gehen kann als in ihrem irdischen Dasein. Auf die Wohlhabenden und Zufriedenen trifft dies nun ganz und gar nicht zu. Der Dienst mit der Waffe oder gar das Risiko, als Soldat an die Front geschickt zu werden, ist deshalb unter allen Umständen zu vermeiden.

Nord-Vietnam war in den Augen aller vernünftigen Amerikaner ein so weit entferntes Land, daß davon nicht ernsthaft eine kommunistische Bedrohung ausgehen konnte. Dennoch wurde der Vietnam-Krieg von der damals entstehenden Gemeinschaft der Zufriedenen und Wohlhabenden massiv unterstützt. Das galt nicht für die Eltern militärdienstfähiger Söhne und erst recht nicht für die Söhne selbst. Und so wurden die Universitäten, also die Stätten, an denen sich die relativ wohlhabenden jungen Leute in erster Linie aufhielten, zu Zentren des Widerstandes gegen den Krieg im allgemeinen und gegen das Rekrutierungsverfahren im besonderen. Dieser Widerstand nahm während des gesamten Krieges immer radikalere Formen an und führte letztlich sein Ende herbei. In den ärmeren Schichten gab es keine ähnlich ablehnende Reaktion.

Im Jahr 1973 hob der Staat dann folgerichtig die allgemeine Wehrpflicht auf. Man hatte damit akzeptiert, daß die Wohlhabenden und Zufriedenen sich nicht zum Wehrdienst zwingen lassen wollten. Der blieb nun mit seinen Unannehmlichkeiten und Gefahren vielmehr denen vorbehalten, die man aus einer weit weniger erfreulichen Umgebung mit der Aussicht auf gute Bezahlung, Ausbildung und einen begrenzten sozialen Aufstieg leicht anlocken konnte.

Die Verheißungen des Militärs wurden im Werbefernsehen landesweit verbreitet. Von patriotischer Pflicht war darin nicht die Rede, vielmehr versprachen sie wirtschaftliche Vorteile und soziale Akzeptanz. Und so wurde das, was den Militärdienst ursprünglich so abschreckend gemacht hatte, nämlich die Risiken für Leib und Leben, von den hoffnungsfrohen und ehrgeizigen Angehörigen der Unterschicht akzeptiert. Deshalb setzten die Streitkräfte sich bald überwiegend aus den aufstiegswilligen Söhnen der Unterschicht zusammen.

Geschehen ist dies mit voller Unterstützung der Politiker, wenngleich sie sich heftig anstrengen, die Statistik möglichst positiv aussehen zu lassen.

So hat eine Untersuchung die aktiv im Wehrdienst stehenden Rekruten aus dem Jahre 1987 nach Einkommensgruppen unterteilt[44] Sie hat gezeigt, daß aus den Bevölkerungsgruppen mit einem Jahreseinkommen zwischen 19 600 und 23 300 Dollar sehr viel weniger junge Männer Dienst taten, als es der Zahl der zu dieser Einkommensgruppe gehörigen Männer im wehrpflichtigen

[44] Richard L. Fernandez, »Social Representation in the U.S. Military« (Congress of the United States: A Study of the Congressional Budget Office, Oktober 1983), S. 40–41. Die Gemeinden, um die es hier geht, gehörten zu den ZIP Code-Distrikten der amerikanischen Post, für die Angaben zum Familieneinkommen aus dem Zensus des Jahres 1980 vorlagen.

Alter entsprochen hätte.[45] Weiter wurde deutlich, daß die Zahl der Rekruten mit höherem Durchschnittseinkommen stetig abnahm. Die wenigsten Rekruten kamen aus den höchsten Einkommensschichten und dann meist aus Familien, die sich am unteren Rand dieser Einkommensgruppe bewegten.

Die jungen Männer aus den höheren Einkommensschichten zeigten eine besondere Vorliebe für Navy und Air Force und folgerichtig weniger für die Bodentruppen.

Um dieses ärgerliche Gefälle möglichst gut zu kaschieren, zitiert die erwähnte Statistik, daß »die hohen Einkommensschichten bei den Rekruten zwar unterrepräsentiert seien mögen, jedoch ist es nicht so, daß es gar keine Vertreter dieser Einkommensschichten gebe. Aus den 100 wohlhabendsten Wohngebieten des Landes, mit einem mittleren Einkommen von mehr als 40 000 Dollar auf der Basis des Jahres 1979, haben weniger als ein Viertel gar keinen männlichen Rekruten im Jahr 1987 gestellt. Die Namensliste der Rekruten, gegliedert nach deren Wohnort, zeigt, daß darunter die Prominentenvororte Bel Air und Beverly Hills von Los Angeles in Kalifornien und Kenilworth, Glencoe und Winnetka von Chicago in Illinois sind«.[46] Nun kann die Tatsache, daß vereinzelt auch Rekruten aus der wohlhabenden Schicht Wehrdienst leisten, nicht darüber hinwegtäuschen, daß die große Mehrheit der jungen Männer aus dieser

[45] Es handelt sich dabei um Einkommenniveaus aus dem Jahr 1979, wie sie im Zensus von 1980 ausgewiesen wurden, die in Dollars von 1979 ausgedrückt wurden. Vgl. Fernandez, S. 340

[46] Fernandez, S. 42–43

Gruppe den Dienst am Vaterland so wenig liebt, daß sie sich ihm lieber entzieht.

Daß die rassischen Minderheiten in den Streitkräften überrepräsentiert sind – eigentlich eine Binsenweisheit –, wird ebenfalls bestätigt. Unter den aktiv diensttuenden Rekruten des Jahres 1989 betrug der Anteil der Schwarzen ungefähr 22 Prozent, obwohl ihr Anteil der Gesamtheit der entsprechenden Altersgruppe nur 14 Prozent beträgt. In der Army, wo das Risiko, im Kampf zu fallen, am größten ist, lag der Anteil der Schwarzen bei mehr als 25 Prozent.[47] Es ist ganz eindeutig, daß im Zeitalter des Zufriedenseins die besonderen Risiken und Gefahren, die der Militärdienst nun einmal mit sich bringt, überwiegend von den weniger und unterprivilegierten Schichten getragen werden.

Einerseits die Militärlobby zu unterstützen, weil man entweder selbst dazu gehört oder glaubt, sie schütze den Wohlstand der eigenen Klasse, den Wehrdienst selbst

[47] Im Januar 1991, vor dem Ausbruch des Golfkrieges, hatte der Kongreßabgeordnete und Vorsitzende des Armed Services Committee of the United States House of Representative, Les Aspin, Hearings über die sozio-ökonomische Zusammensetzung der betroffenen Streitkräfte in Saudi-Arabien vorbereitet. Da ich mich mit dieser Materie beschäftigt hatte, wurde ich als Sachverständiger eingeladen. Als der Krieg immer wahrscheinlicher wurde und dann schließlich ausbrach, wurden die Hearings, die zweimal angesetzt worden waren, erst verschoben und dann ganz von der Tagesordnung gestrichen. Der Gegenstand, der dort erörtert werden sollte, war wahrscheinlich zu delikater Natur, als daß er (und möglicherweise noch in negativer Art und Weise) vor der Öffentlichkeit zu dem Zeitpunkt in seiner ganzen Problematik ausgebreitet werden konnte. Vor dem Hintergrund der Kampfhandlungen sollte die bevorzugte Stellung der Wohlhabenden und Zufriedenen nicht in zu schrillen Tönen diskutiert werden.

aber zu meiden, ist also die Politik der Zufriedenen. Aber dies ist nicht die einzige Quelle militärischer Macht. Es ist ein schwerer Irrtum anzunehmen, das Militär sei nur den politischen und demokratischen Entscheidungsgremien gegenüber verantwortlich. Unter dem schützenden Deckmantel der Demokratie führt es ein starkes Eigenleben. Das ist übrigens keineswegs nur ein Sonderstatus amerikanischer Militärs. In vielen Ländern, insbesondere in denen der Dritten Welt, erfreut sich das Militär einer Stellung, die einer unabhängigen Macht gleichkommt. Und genau damit wollen wir uns im nächsten Kapitel beschäftigen.

11

Die Macht des militärischen Establishments II

Daß der militärische Bereich von der allgemeinen Ausgabenkürzung im Zeitalter des Zufriedenseins verschont blieb, habe ich hinreichend betont. Und daß die Furcht vor dem Kommunismus immer höhere Militäretats ermöglicht hat, ebenfalls. Dies erklärt jedoch nur einen Teil der gegenwärtigen Macht des Militärs. Darüber hinaus existiert etwas, das man die autonome Macht großer Organisationen nennen könnte, eine Macht, die im Fall des militärischen Establishments besonders groß ist. In offiziellen Verlautbarungen und regierungsfreundlichen Kommentaren wird der tatsächliche Charakter dieser Macht meist verschleiert.

Wir haben die Elemente dieser Macht – und deren Verschleierung – schon bei den Organisationen des normalen zivilen Wirtschaftslebens kennengelernt. Und hier muß ich auf etwas zurückkommen, das wir schon früher erörtert haben. Das große Unternehmen, so wird es jedenfalls gemeinhin angenommen und an den Universitäten verkündet, steht ganz im Dienst des Verbrauchers. Es bietet dem Verbraucher eine Leistung oder ein Produkt und verfolgt einzig und allein das Ziel der Gewinnmaximierung. Zwar können Monopolbildung und andere Phänomene den Wettbewerb verzerren und zu ungerechtfertigt hohen Preisen führen, zwar wird mögliche Effizienz von Bürokratie und Inkompetenz eingeschränkt, doch werden diese Tatsachen kaum diskutiert. Offenbar handelt es sich nur um Abweichungen von einer an sich richtigen Theorie. Der Verbraucher steht also im Mittelpunkt und ist die alles entscheidende Größe. Jahr für Jahr werden Tausende wirtschaftswissenschaftliche Seminare veranstaltet, deren Kern dieses theoretische Abbild der Realität ist.

Tatsächlich aber sieht die Wirklichkeit ganz anders aus: Der Verbraucher ist in hohem Maße für das Unternehmen da. Sonst wären die hohen Werbungs- und Marketingkosten nicht zu leisten. Die Verbraucherwünsche werden dem Unternehmenszweck und insbesondere seinen finanziellen Interessen entsprechend zurechtgebogen. Fernsehwerbung etwa ist ein äußerst wirksames Instrument der Überzeugung.

Auch ist die Gewinnmaximierung, die angeblich alles bestimmende Motivation, nur auf die Wünsche des Marktes einzugehen, nicht das von allen angestrebte Ziel. Das Management großer Unternehmen verfolgt statt dessen durchaus auch eigene Interessen wie Machterhalt, Nebenverdienst und andere persönliche Vorteile. Diese Interessenlage entpuppt sich oft als destruktiver Faktor. Eine solche Erkenntnis aber wird in den entsprechenden Lehrveranstaltungen kaum erörtert, ja, sie ist nicht einmal Thema der wissenschaftlichen Diskussion. Der Markt wird immer noch als Heilige Kuh behandelt. Daß der Verbraucher ein Instrument des Produzenten ist, daß große Unternehmen nicht einem öffentlichen

Zweck, sondern nur einem eigennützigen Ziel dienen, wird dem Beobachter auf diese Weise von vornherein vorenthalten. Der Markt hat eben seine eigene Wahrheit, auf die die Wirklichkeit keinen Einfluß nimmt. Und gerade wenn es um eine große Organisation geht, kann man sehen, wie eindrucksvoll und manchmal sogar brillant die bevorzugten Theorien die unbequeme Realität subsumieren können.

Die aus der eigenen Größe gewonnene Macht im zivilen Bereich ist jedoch gering im Vergleich zu der des militärischen Establishments. Die Streitkräfte und ihre Lobby in Wirtschaft und Politik, allen voran selbstverständlich die Rüstungsindustrie, üben eine weit größere Macht aus als jede zivile Einrichtung, inklusive der wahrlich mächtigen Großunternehmen.

Im gesamten Wirtschaftsleben gibt es zwei für die Macht von Organisationen wesentliche Beschränkungen. Eine liegt darin, daß von außen bestimmt wird, was man produziert – im zivilen Bereich hat die letzte Entscheidung immer noch der Verbraucher, unabhängig davon, wie stark er durch Werbung oder andere Maßnahmen beeinflußt wird. Die andere liegt in der geballten Kaufkraft – oder, wie die Ökonomen sagen, in der effektiven Nachfrage – auf die das Güter- oder Dienstleistungsangebot trifft. Das Besondere, ja Einzigartige am militärischen Establishment liegt nun darin, daß diese Beschränkungen dort nicht gelten. Sowohl die Entscheidung darüber, was produziert wird, als auch die effektive Nachfrage werden oder wurden nachhaltig vom militärischen Establishment selbst gesteuert und kontrolliert. Wie groß die Streitkräfte sein müssen und wie umfangreich die

Faszilitäten ausfallen, die für sie bereitgestellt werden, unterliegt weitestgehend der Entscheidung des Militärs selbst. Welche Waffen entwickelt und produziert und damit auch, welche Gelder dafür zur Verfügung gestellt werden, entscheiden die Militärs fast ausschließlich in eigener Regie.

Eine wichtige, wenngleich eher zeremonielle Rolle spielen die zivilen Führungskräfte des Verteidigungsestablishments. Man weiß, daß von wenigen exzentrischen Ausnahmen abgesehen sie so gut wie immer zu Handlangern der Militärs degradiert werden. Für die »Macht« der Zivilisten ist es bezeichnend, daß man ihre Namen in vielen der militärischen Dienste gar nicht kennt, sogar in Washington selbst sind sie oft unbekannt. Daß einer von ihnen sich stark machen könnte gegen die machtvollen Interessen des von ihm geleiteten Dienstes ist fast undenkbar. Ihre Amtszeit ist kurz, und bezeichnenderweise wandern sie danach oft auf Posten in der Rüstungsindustrie ab oder fungieren als einer der zahlreichen Consultants. Im Endeffekt sind sie alle Angehörige des Militärkomplexes, einer geschlossenen Gesellschaft mit gemeinsamen Interessen. Von ziviler Kontrolle kann kaum die Rede sein. Und daran haben sich die meisten Bürger offenbar gewöhnt.

In diesem Zusammenhang spielen auch der Kongreß und seine Ausschüsse eine nicht zu unterschätzende Rolle.

Die für die Streitkräfte zuständigen Ausschüsse stoßen insbesondere bei solchen Vertretern der Legislative auf Interesse, deren Auffassungen eng mit denen des Militärs übereinstimmen. Sie alle werden fürsorglich von hochrangigen Offizieren und zivilen Beamten betreut. Offenbar ist das ein einträgliches Geschäft. Man kann genaugenommen behaupten, daß sie wegen ihrer politischen Aktionen in den Ausschüssen weitgehend auf der Gehaltsliste der Rüstungsunternehmen stehen. Einige Angehörige dieser Gruppe werden in ihren Heimatdistrikten oder -staaten wie Marionetten der Rüstungsindustrie und anderer militärischer Institutionen behandelt. So konnte es wohl auch geschehen, daß Kaliforniens Senator Alan Cranston, der lange Zeit Kritiker der militärischen Macht war, es dann doch irgendwann für richtig hielt, beim B-2-Bomber eine Ausnahme zu machen: Dessen Bau nämlich würde voraussichtlich in seinem Staat für einen erheblichen Zuwachs an Arbeitsplätzen und Wirtschaftswachstum sorgen. Thomas J. Downey aus Long Island/New York, sonst streitbarer und beredsamer Verfechter der Rüstungskontrolle, konnte dafür gewonnen werden, in seinem eigenen Kongreßdistrikt für die weitere Produktion von Kampfflugzeugen der Grumman Cooperation einzutreten.

Andere Vertreter der Legislative waren von vornherein bereit, die Rüstungsproduktion in ihren Heimatbezirken zu unterstützen. Viele Parlamentarier, offenbar weder ihrem Gewissen noch ihrer Wählerschaft verpflichtet, haben sich überzeugt, ja, schon fast automatisch in den Dienst des Militärs gestellt. Wie an anderer Stelle schon betont, kann es sich ein Parlamentarier kaum leisten, als zu weich gegenüber der kommunistischen Bedrohung zu gelten. Und dasselbe gilt für die Landesverteidigung, die zumindest bis in die jüngste Zeit als Bollwerk gegen die kommunistische Gefahr angesehen wurde. Folge davon war, daß die gesamte Gesetzgebung auf diesem Gebiet vom Militär kontrolliert wird, obwohl sie angeblich unter ziviler Verantwortung steht. Darin bestehen zusammengefaßt die beiden wichtigsten Quellen der Macht des Militärs. Das militärische Establishment bestimmt weitestgehend die militärische Mission, die es verfolgt: Wie viele Menschen und wie viele Waffen in seinem Dienst stehen, kann es in hohem Maße selbst entscheiden. Und damit kontrolliert es im eigentlichen Sinne die Geldmittel – die effektive Nachfrage – die für seine Mission erforderlich sind. Allerdings muß man einschränkend sagen, daß diese Macht keineswegs total ausgeübt und gelegentlich auch beschnitten wird. Ein absoluter Machtanspruch nämlich wäre politisch nicht durchsetzbar.

Wie die Macht großer Unternehmen einmal der Kontrolle des Marktes unterlag, unterlag die der Militärs der Kontrolle durch die demokratischen Institutionen. Der heutige Zustand sei Ausdruck einer demokratischen Willensbildung wird uns gesagt. Der Begriff Demokratie ist eine euphemistische Umschreibung dafür, daß der militärisch-industrielle Komplex unabhängig und von eigenen Gnaden erhebliche Macht im Staate ausübt. Eine Autonomie, die vorwiegend ihm selbst nützt.

Der Status quo der militärischen Macht setzt etwas weiteres voraus, nämlich das schon viel zitierte Feindbild. Allerdings ist die Existenz eines Feindes eine Notwendigkeit zweiter Ordnung. Zunächst leitet sich die Existenzberechtigung des militärischen Establishments aus sich selbst heraus ab. Eine Bedrohung von außen aber, auf die man rechtfertigend verweisen kann, spielt dennoch eine bedeutende Rolle.

Im Zeitalter des Zufriedenseins stand der eigentliche Feind unbestritten fest. Es waren die Sowjetunion und ihre Verbündeten, also die Mitglieder des Warschauer Paktes.[48] Von ihm ging die Gefahr aus, daß der Kommunismus auch in der Dritten Welt Fuß fassen könne. Hierin lag aber auch ein Problem. Die Vorbereitung auf den Krieg, also das Wettrüsten, diente der militärischen Macht in hervorragender Weise. Ein Atomkrieg jedoch hätte in den Augen der Welt und für jedermann unbestritten verheerende Folgen. So gab es zu Amtszeiten Ronald Reagans und zu Beginn der Ära Bush nur unbedeutende militärische Unternehmungen, die niemandem wehtaten und kaum Beachtung fanden. So wurden die Marines ohne speziellen Auftrag in den Libanon entsandt, aber nach terroristischen Anschlägen schnell wieder abgezogen. Bomber, die Gaddafi vernichten sollten, wurden nach Tripolis geschickt. Doch gelang es den Piloten nur, einige Seitenstraßen in Schutt und Asche zu legen. Dann war da noch die militärische Invasion auf Grenada, mit der ein angeblich gefährlicher kommunistischer Regierungschef abgesetzt werden sollte.

[48] Sogar in den Jahren der Reagan-Regierung bestanden Zweifel an der Zuverlässigkeit der einzelnen Mitglieder des Warschauer Paktes. Während einer Konferenz in Washington im Jahr 1980 hat ein informiertes, ziemlich undiszipliniertes oder außerordentlich amüsiertes Mitglied des Stabes im Pentagon in einem privaten Gespräch sich darüber ausgelassen, daß die ungarischen Divisionen für die sowjetischen Divisionen vielleicht weit gefährlicher sein könnten als die polnischen. Die Polen würden die Seiten sehr rasch wechseln und damit aus dem Spiel sein. Die Ungarn, obwohl militärisch weit weniger fähig als die Polen, würden dagegen die Stellung halten und ein Haupthindernis bei der Ausweitung der militärischen Operation sein.

Ernsthafter waren die Auseinandersetzungen um den panamaischen General, früheren CIA-Mitarbeiter und Antikommunisten Manuel Noriega, der inzwischen groß ins Drogengeschäft eingestiegen war und selbstverständlich die militärischen Interventionen in Afghanistan, Angola und andernorts in Afrika sowie in Nicaragua und El Salvador. Gleichzeitig erhielten viele Staaten massive Militärhilfe in Form von Waffenlieferungen. Daß der Kommunismus keine ökonomisch und politisch sinnvolle Form des gesellschaftlichen Zusammenlebens für Staaten darstellt, die den Kapitalismus noch nicht erlebt haben, ist ein Punkt, den wir früher bereits hervorgehoben haben. Angola und Nicaragua sind dafür gute Beispiele. Dennoch waren sie kein wirkliches Sicherheitsrisiko, ebensowenig wie Nordvietnam.

Einwände jener Leute, die keine Bedrohung in diesen Staaten sehen konnten, trafen aber kaum den Kern des Problems. Denn in Wirklichkeit dienten all diese Aktionen in besonderer Weise den Zielen des militärischen Establishments. Sie waren der sichtbare Beweis seiner Bedeutung und seiner Macht; begrenzt, effizient und spektakulär durchgeführt, riefen sie der Gesellschaft in Erinnerung, wie wichtig die Streitkräfte auch weiterhin sein würden. In der Konfrontation mit der Sowjetunion gab es Grenzen, die nicht überschritten werden konnten. Hier gab es keine. Diese Demonstrationen militärischer Stärke haben nach dem einhelligen Urteil aller politischen Kommentare und Analysen außenpolitisch zu keinerlei Vorteil geführt; in erster Linie haben sie der Autonomie und Macht des militärischen Establishments gedient.

Ein nützliches Feindbild war auch Saddam Hussein. Und damit hat er dem militärischen Establishment einen großen Dienst erwiesen. Denn ganz ohne Frage hat die Existenz dieses Feindbildes Präsident Bushs Entscheidung, im Januar 1991 mit seiner Luftoffensive gegen Irak zu beginnen, ganz erheblich beeinflußt. Daß die kostspielige Entwicklung fortgeschrittener Kommunikationstechniken und anderer elektronischer Flugzeug- und Militärtechnologien damit gerechtfertigt werden konnten, war eine viel zu große Versuchung, und die später in der Bodenoffensive eingesetzten Truppen, die Leib und Leben riskieren mußten, setzten sich ja überwiegend nicht aus den Söhnen der zufriedenen Wählermehrheit zusammen. Diese Tatsache spielte ganz ohne Zweifel eine wichtige Rolle dabei, das militärische Eingreifen politisch auch durchzusetzen.[49] Das Militär selbst kam noch in den Genuß eines weiteren Vorteils. Hatten nämlich frühere Unternehmen in Vietnam und Kambodscha deutlich Defizite und Inkompetenz der militärischen Führung gezeigt, insbesondere im Dschungelkampf gegen ausgebildete Guerillatruppen, konnte diese Scharte nun ausgewetzt werden. Irak war ganz eindeutig ein Aggressor, ohne nennenswerte Industrie und mit geringer Bevölkerung. Eine geradezu ideale Gelegenheit für die Streitkräfte, ihre Reputation wiederherzustellen. Dieser Krieg

[49] Weil ich dies schrieb, als der Konflikt gerade ausgetragen wurde, fragte ich den Dekan von Havard, der für die Studenten zuständig war, wie viele von ihnen sich freiwillig gemeldet hätten oder eingezogen worden wären. Er antwortete: »Sehr wenige«. Als ich auf einer genauen Zahl bestand, sagte er: »Gar keiner«.

wurde zielbewußt und effizient durchgezogen und forderte auf amerikanischer Seite nur wenige Opfer. Die Medien berichteten ausschließlich positiv, weil die vor Ort zugelassene Presse (häufig ungewöhnlich kooperativ), erfolgreich unter Kontrolle gebracht wurde. Wenngleich es auch kritische Stimmen gab, die insbesondere die vielen Toten unter der irakischen Zivilbevölkerung und die gefallenen Soldaten, die man mehr oder minder in den Kampf gezwungen hatte, beklagten und die die ganz allgemein negativen, ja, verheerenden politischen Nachwirkungen anprangerten, so bestand eigentlich doch kein Zweifel daran, daß der Golfkrieg viel dazu beigetragen hat, um die Reputation und das Prestige des militärischen Establishments wieder auf Hochglanz zu polieren. Die Jubelfeiern zum Empfang der heimgekehrten Soldaten waren ein Indikator dafür, wie dieses Prestige inzwischen wieder gestiegen war.

Der Zusammenbruch der kommunistischen Macht in Osteuropa Ende der 80er Jahre und der deutliche Umbruch in der Sowjetunion selbst, dem dann der Sturz der kommunistischen Partei folgte, führten dazu, daß viele von nun an eine gestärkte Position des amerikanischen Establishments und eine andere Art der Kontrolle über die finanziellen Mittel glaubten. Der Ausdruck »Friedensdividende« war bald in die Umgangssprache eingegangen. Damit aber hatte man den autonomen Charakter der Militärmacht deutlich unterschätzt. Auf den Militärhaushalt wirkte sich der politische Dammbruch kaum aus. Waffensysteme, die sich nun eigentlich nicht mehr gegen einen möglichen Feind richten konnten, wurden meist wie zuvor weiterentwickelt. Die Waffentechnologie hatte ganz eindeutig ihre eigene, von anderen Entwicklungen unabhängige Bedeutung. Ein Feindbild war dabei nützlich, aber nicht notwendig.

Und gerade hieran muß ich eine letzte Bewertung anschließen. Der Zusammenbruch des Kommunismus und die Desintegration der Sowjetunion sind ja nicht gerade geringfügige Ereignisse; sie sind der größte politische Erdrutsch der letzten 50 Jahre. Auch für die Militärs wird dies Folgen haben, wenn heute auch noch niemand so recht weiß, welche. Dagegen ist so gut wie sicher, daß die Militärlobby sich gegen den notwendigen Wandel sträuben wird. So werden sicher die Waffenexporte erweitert und gegebenenfalls auch finanziert. Und das politische Verständnis in unserer Zeit wird auch weiterhin davon geprägt sein, daß allgemeiner Konsens herrscht über Einfluß und Macht des modernen militärischen Establishments.

12

Die Politik des Zufriedenseins und das politische Bewußtsein

In der Vergangenheit waren die Zufriedenen und Wohlhabenden in jeder staatlichen Gemeinschaft eindeutig eine Minderheit. Heute dagegen bilden die Privilegierten in den Vereinigten Staaten eine breite Schicht, die großen Einfluß ausübt und die Mehrheit der Wähler stellt. Davon, nicht von der Mehrheitsbildung der politischen Parteien, wird der politische Trend in Amerika heute bestimmt. Obwohl prominente Politiker die Fernsehsendungen dominieren, ja schlechthin allgegenwärtig sind, versagen sie bei der Aufgabe, die politische Wirklichkeit neu zu gestalten. Sie sind selbst ein Produkt der neuen Realität. Weniger dramatisch, aber nicht unähnlich ist die Situation in anderen Industrieländern – ein Umstand, auf den ich später noch zurückkommen werden.

Die Republikanische Partei repräsentiert die Zufriedenen und Privilegierten. Sie ist ein wirksames Instrument, mit dessen Hilfe alle ökonomischen Prinzipien und politischen Verhaltensmuster durchgesetzt werden, die typisch für die Interessen der Oberschicht sind. Selbstverständlich sind auch in der Kultur des Zufriedenseins kritische Stimmen lautgeworden, vor allem hinsichtlich der Wirtschaftspolitik und hier insbesondere der Haushaltsdefizite. Die Republikanische Partei steht dafür, akuten Krisen mit Gelassenheit zu begegnen und sich nur an kurzfristigen Perspektiven zu orientieren. Auch der Vorstellung, daß der Staat so wenig Einfluß wie möglich zu nehmen habe, trägt die Partei Rechnung – von Militärausgaben, finanziellen Auffangaktionen und der Social Security abgesehen. In allen Präsidentschaftswahlen seit 1980 haben die Republikaner sich auf eine Politik verpflichtet, die den Interessen der zufriedenen Oberschicht dient. Und genau diese Haltung hat den Republikanern den Erfolg garantiert. Deshalb sahen sich die Demokraten einem unlösbaren Problem gegenüber, das sie dann gelöst haben, indem sie sich dem allgemeinen Credo des Zufriedenseins anpaßten. Dennoch hielten die Republikaner auf diesem Feld einen erheblichen Erfahrungsvorsprung und verfügten über eine größere mentale Überzeugungskraft – eine der Ursachen dafür, daß die Demokraten keine Chance hatten.

Viele demokratische Wähler, vielleicht sogar ihre Mehrheit, stimmen in Wahrheit mit den politischen Zielen der Zufriedenen überein. Sie sind nur deshalb Demokraten, weil es der Tradition ihrer Familie, ihres Lebensraums oder ihrer Heimat entspricht. Insbesondere im Süden und Südosten, aber auch andernorts verbinden die Demokraten regional tradiertes politisches Bewußtsein mit wirtschaftspolitischen Vorstellungen, die nur dem persönlichen Wohlergehen dienen. Sie werden deshalb auch als konservative Demokraten bezeichnet. Sie würden sofort zu den Republikanern wechseln, wenn irgendeine Gefahr bestände, daß die Demokraten ihre Politik zugunsten der Zufriedenen aufgeben könnten. Bei diesen

Wählern hätte ein Präsidentschaftskandidat, der sich wirklich für die Belange Benachteiligter einsetzen würde, nicht die geringste Chance. Maßnahmen, die die desolaten Lebensumstände im Zentrum der großen Städte verbessern könnten – also höhere Sozialhilfe, billigere Wohnungen, allgemeine Gesundheitsfürsorge, bessere Schulen und Drogenrehabilitation – würden zusätzliche Kosten verursachen und wären deshalb politisch nicht mehrheitsfähig. Denn ohne eine spürbare Steuererhöhung wären derartige Maßnahmen nicht möglich.

In ihren Sonntagsreden sind demokratische Politiker durchaus bereit, sozialen Problemen große Bedeutung einzuräumen. Die konkreten politischen Ergebnisse sind dagegen außerordentlich mager. Eine Gratwanderung unternehmen die Liberalen. Was immer ihre persönliche Meinung sein mag, ob sie mehr soziale Gerechtigkeit wollen oder sich um die Zukunft sorgen, sie müssen sich immer pragmatisch verhalten. Wenn sie genug Wählerstimmen gewinnen wollen, dürfen sie den Interessen der Zufriedenen nicht zuwiderhandeln. Ein Kandidat, der sich den sozial Schwachen verpflichtet fühlt, also jenen, die ohnehin nicht zur Wahl gehen, beginge politischen Selbstmord, denn die zufriedene Mehrheit der Wähler würde er mit einem solchen Verhalten verschrecken.

Die Politik des Zufriedenseins wird selbstverständlich noch von anderen Faktoren gestützt. Geld spielt im politischen Gefüge der Vereinigten Staaten eine ungewöhnlich große Rolle. Und eben über Geld verfügt die zufriedene Mehrheit in reichlichem Maße. Aber nicht nur das, sie stellt es auch zur Verfügung, um ihre Ziele zu verfolgen. Ihr Einfluß in den Medien ist deshalb besonders groß. Und so ist es kein Wunder, daß etwa im allgegenwärtigen Fernsehen ebenfalls die Auffassung vertreten wird, es sei wichtig, die Kultur des Zufriedenseins zu erhalten und folglich soziale Maßnahmen des Staates abzuwehren.

Der Forderung, wonach es unter sozialen Aspekten dringend geboten sei, daß die Reichen hohe Renditen erwirtschaften, wurde sogar in Titelgeschichten Nachdruck verliehen. Das ist die übliche Art der Meinungsbildung. Jemand, der sich zu offensichtlich für die Belange der Armen einsetzt, muß sich schnell nachsagen lassen, er sei realitätsblind und als Politiker untauglich. Es ist dabei selbstverständlich hilfreich, daß die Medienvertreter, die über die politischen Belange und das politische Geschehen berichten, selbst zur zufriedenen Mehrheit im Lande gehören – von ihren Arbeitgebern einmal ganz zu schweigen. Eigentlich verlangt das journalistische Berufsethos Objektivität, aber welcher Mensch kapituliert nicht vor stetem, sanften Druck, den er irgendwann einmal vielleicht gar nicht mehr merkt?

Den Einfluß des Geldes hatte ich schon angedeutet. Und der ist ja seit Jahrtausenden ein politisches Problem. Wahlen waren nicht nur im Rom der Antike teuer für die Kandidaten. Sie sind es auch in den Vereinigten Staaten von heute. Und sie werden immer teurer. Die Gehälter im öffentlichen Dienst werden zudem auf mehr oder weniger verschlungenen Pfaden mit privaten Mitteln aufgestockt, deren Quelle ausnahmslos die Konten der wohlhabenden Oberschicht sind. Je nach Perspektive sind dann Rücksicht oder Einflußnahme ganz unvermeidlich.

Die Strategie der demokratischen Kandidaten bei den

letzten Präsidentschaftswahlen ist nur logische Folge der genannten Faktoren. Und was in den Medien dann als die Verkörperung der politischen Kompetenz gefeiert wird, hat als einzige Qualifikation selten mehr vorzuweisen als einige Wahlerfolge auf unterer Ebene. Ansonsten reicht eine abgeschlossene Ausbildung in den vier Grundrechenarten.

Aus diesen bescheidenen arithmetischen Fähigkeiten leitet sich dann die herausragende Erkenntnis ab: Um zu gewinnen, muß man der anderen Seite Wähler wegnehmen. Also darf sich ein demokratischer Präsidentschaftskandidat gegenüber der zufriedenen Mehrheit nicht weniger zugänglich zeigen als ein republikanischer. Warum sollte er auch gegenüber Minderheiten Zugeständnisse machen? Von der Gegenpartei wären damit keine Stimmen zu gewinnen. Im Gegenteil, die zufriedene Klientel aus den eigenen Reihen würde abwandern.[50] Folgerichtig ging es bei den Präsidentschaftswahlen der letzten Jahre immer nur darum, zwei Exponenten der zufriedenen Mehrheit aufzustellen.

[50] Als ich noch zu den gelegentlichen Redenschreibern bei Präsidentschaftswahlen gehörte – begonnen habe ich damit während der Kampagne von Roosevelt im Jahre 1940 – war ich dieser, von mir erwähnte arithmetischen Grundlage politischer Strategien und ihrer Verwendung durch die jeweiligen Strategen der politischen Planung im starken Maße ausgesetzt. Wie ich schon häufig erzählt habe, hat der jeweilige Stratege im Flugzeug des Präsidentschaftskandidaten sich über meine Schulter gelehnt und mitgelesen, wenn ich die Rede in die Schreibmaschine schrieb. »Professor, das können Sie nicht so sagen.« »Aber es ist das, wovon Ihr Mann glaubt, daß es das Volk so haben will.« »Sehen Sie, wenn Sie das sagen, spielen Sie nur denen in die Hände, die sowieso schon am heftigsten gegen uns sind.«

Wahlkämpfe verkommen da zu Scheinkämpfen. 1988 hatte der Kandidat der Demokraten, Michael Dukakis, seine »Kompetenz« in den Mittelpunkt seiner Kampagne gestellt. Themen, die für die Gesellschaft der Zufriedenen hätten schmerzlich sein können, hat er dabei wohlweislich ausgespart. Es kann daher nicht überraschen, daß der traditionell zuverlässigere Interessenvertreter dieser Lobby, der Kandidat der Republikaner, gewinnen mußte. Schon Präsident Harry S. Truman hatte vor Jahrzehnten einen Kommentar geschrieben, in dem es heißt, daß ein vernünftiger Wähler, vor die Wahl gestellt, zwischen einem echten Konservativen und einem, der nur aus pragmatischen Überlegungen heraus konservative Positionen vertritt, sich immer für den wirklichen Konservativen entscheiden wird.

Oft war es allerdings das Schicksal demokratischer Präsidenten, sich aufgrund »internationaler Konflikte« exponieren zu müssen, will sagen, beide Weltkriege, der Koreakrieg und der Vietnamkrieg ereigneten sich während der Amtszeit demokratischer Präsidenten. Das heißt, zu Richard Nixons Ära war der Protest in der amerikanischen Öffentlichkeit gegen den Krieg in Vietnam schon so groß, daß er gezwungen war, seine »Falkenmentalität« allmählich aufzugeben.

Zwar fanden diese Kriege – mit Ausnahme des Zweiten Weltkrieges – zunächst spontan Unterstützung in der Öffentlichkeit, aber dieselbe Öffentlichkeit verlangt kurze erfolgreiche und möglichst nicht allzu teure Kriege ohne große Verluste. Diesen Anspruch, der nebenbei auch vom Militär und von Leuten erhoben wird, die nicht gerade für hohe Militärausgaben eintreten, haben die

Republikaner, wie an anderer Stelle schon gezeigt wurde, in Grenada, Panama und Irak voll einlösen können. Das Schicksal der Demokraten war es immer, Kriege führen zu müssen, die lange dauerten, astronomische Summen verschlangen und – im Falle des Korea- und des Vietnamkrieges – noch nicht einmal mit strahlendem Siegeslorbeer gekrönt waren.

Etwas anders liegen die Dinge für die demokratischen Kandidaten, die sich um kommunale Ämter und insbesondere um einen Sitz im Kongreß bewerben. Gerade in den Südstaaten haben die Kandidaten der demokratischen Partei sich ganz auf die Wünsche der wohlhabenden und zufriedenen Oberschicht konzentriert und deshalb Wahlen gewonnen. In den großen Städten und alten Industriegebieten müssen die Demokraten sich dagegen ganz auf die Gruppe der sozial engagierten Wähler und auf die Schicht der Benachteiligten und Unzufriedenen einstellen. Auf Grund dieser drei Gruppen – die Traditionalisten, die sozial Engagierten und die Unzufriedenen – die die demokratische Partei unterstützen, ist es den Demokraten gelungen, ihre Mehrheit in beiden Häusern des Kongresses zu verteidigen, wenn auch nur auf Kosten eines deutlichen Risses, der sich zwischen den Traditionalisten, die die politischen Anschauungen der wohlhabenden Oberschicht vertreten und den Vertretern einer sozial engagierten Politik zugunsten der Benachteiligten aufgetan hat.

Zwei Aspekte, die die Politik der zufriedenen Oberschicht betreffen, bleiben noch zu untersuchen. Einmal geht es darum, daß die, die sich für diese Politik entscheiden, die Mehrheit der abgegebenen Stimmen repräsentieren. Es handelt sich also nicht um die Mehrheit der wahlberechtigten Erwachsenen. Einige der Nichtwähler sind illegal eingewanderte Ausländer; andere sind erst kürzlich aus anderen, meist armen Ländern eingereist und warten auf ihre Staatsbürgerschaft. Für zahlreiche Angehörige der Unterschicht ist Schmutz und Elend also durchaus nichts Außergewöhnliches. Im Vergleich zu dem, was sie aus ihren Heimatländern gewohnt waren, empfinden sie für ihre jetzigen Lebensbedingungen oft sogar noch Dankbarkeit.

Der Hauptgrund dafür allerdings, warum so viele Angehörige der Unterschicht nicht wählen, ist ihre Resignation. Sie glauben nicht mehr daran, politisch noch etwas verändern zu können. Denn sie sehen keine nennenswerten Unterschiede zwischen den beiden Parteien. Und so bleibt es eben bei der Mehrheit für die Politik der zufriedenen Oberschicht.

Politik, die Probleme wie Obdachlosigkeit, Hunger, unzureichende Schulbildung, Drogenabhängigkeit, Armut in irgendeiner Weise betrifft, hat für die sozial Ausgeschlossenen meist negative Folgen. Da drängt sich ein Vergleich auf: Auch vor der großen Wende in den Jahren 1989/90 in Osteuropa waren die Menschen dort unzufrieden. Doch nach dem Motto, daß nicht sein kann, was nicht sein darf, gab es im Sozialismus offiziell keine Unzufriedenheit. In den Vereinigten Staaten existiert eine ähnliche Situation: In einem demokratischen System, das über jeden Zweifel erhaben ist, kann es ebenfalls kein Elend und kein Unglück geben. Die Tatsache, daß eine ganze Hälfte der Bevölkerung bei Präsidentschaftswahlen nicht zur Wahl geht und daß noch weit weniger sich an den Wahlen zum Kongreß beteiligen, ist ein Umstand, der zwar nicht unbemerkt bleibt, das demokratische System aber in keiner Weise in Frage stellt.

Schließlich bleibt dann noch die Frage, ob und in welchem Umfang es die Politik der wohlhabenden Oberschicht, die in den Vereinigten Staaten so evident ist, auch in anderen Industrienationen gibt. Daß es sie gibt, kann kaum bezweifelt werden.

In England sicherte die zufriedene Mehrheit Margaret Thatcher eine Regierungszeit von elf Jahren, obwohl in den Midlands und im Norden Großbritanniens Arbeitslosigkeit eine ständige Quelle sozialer Unzufriedenheit war.

Anders als die demokratische Partei in den Vereinigten Staaten wurde jedoch die britische Labourparty, die ihre radikalen und schrillen Vertreter weitgehend unter Kontrolle hat, als Alternative zu der zufriedenen Mehrheit angesehen. Infolgedessen haben ihre Anhänger die Wahlen stets als willkommene Gelegenheit betrachtet, die Verhältnisse zu ändern, und sie sind deshalb trotz der gegebenen Mehrheitsverhältnisse den Wahlurnen nicht ferngeblieben. Die Labourparty ist in dem Maße stärker geworden, in dem die immer dramatischeren Maßnahmen der Regierung Thatcher, insbesondere die Kopfsteuer als Ersatz für die kommunale Grundsteuer, die weniger Begüterten in der Gruppe der wohlhabenden Mehrheit zunehmend verunsichert haben. Deshalb ist wohl die politische Position der Oberschicht in England heute weniger sicher als in den Vereinigten Staaten. Vielleicht gilt ähnliches auch für Kanada, wo eine konservative Regierung mit ihrer Steuer- und Handelspolitik[51] die eigene politische Basis geschmälert hat.

In Westeuropa haben sich die Dinge anders entwickelt. In Skandinavien, Deutschland, den Niederlanden, Österreich, Frankreich und der Schweiz hat ein strapazierfähiges soziales Netz dafür gesorgt, daß ein gewisser Wohlstand inzwischen für die meisten Bürger eine Selbstverständlichkeit ist. Darüber hinaus werden seit langem von Gastarbeitern Niedriglohnarbeiten erledigt. Von einigen Ausnahmen abgesehen dürfen diese Gastarbeiter nicht wählen und wählten auch nicht. Und sie haben offenbar darauf verzichtet, diesen Zustand zu bekämpfen. Die politische Position der zufriedenen Mehrheit in Westeuropa, unter welchem politischen Etikett sie auch immer lebt, ist offenbar ungefährdet.

Noch ein letztes Wort zur Politik. Wie in der Ökonomie, so gilt auch hier, daß man sich auf eines verlassen kann: Die, die am wenigsten davon verstehen, verkünden ihre Prognosen am lautesten und selbstgerechtesten. Es ist möglich, daß eines schönen Tages ein Präsidentschaftskandidat in den Vereinigten Staaten in seine Kampagne alle jene miteinbezieht, die heute nicht zur Wahl gehen. Und es ist weiterhin denkbar, daß die, die sich von einer solchen Politik angesprochen fühlen – also all jene, die sich durch höhere Steuern nicht bedroht fühlen und die für die Erneuerung der großen Städte und für eine Politik zugunsten der gebeutelten Unterschicht sind –

[51] Dies gilt besonders für das Freihandelsabkommen mit den Vereinigten Staaten, durch das Kanada Produktionsstätten, Beschäftigung und Kunden an seinen südlichen Nachbarn verloren hat.

einen politischen Erdrutsch verursachen. Daß diese Vision nicht nur blühende Phantasie bleiben muß, sollte eigentlich aus diesem Buch bislang hervorgegangen sein.

So viel dazu, wie das Zufriedensein die Politik beeinflußt hat. Jetzt wenden wir uns den weiterreichenden Konsequenzen zu, die sich daraus ergeben.

13

Die Abrechnung I

Die Verschlechterung der wirtschaftlichen und politischen Situation Amerikas ist im eigenen Land und im Rest der Welt nicht unbemerkt geblieben. Im Gegenteil, es gibt darüber eine Fülle an Literatur von mehr oder weniger Fachwissen und Sachverstand gekennzeichnet. Eines aber haben all diese Abhandlungen gemein: Ihre Autoren gehen davon aus, daß die jetzige Entwicklung entsprechend korrigiert werden wird und entscheidende Veränderungen Platz greifen. Dies wäre nämlich das folgerichtige Ergebnis in einer informierten, aufgeklärten Gesellschaft. Infolgedessen endet jede kritische Betrachtung der gegenwärtigen Situation Amerikas, wie negativ ihr Ergebnis auch immer sein mag, mit dem Bild von einer besseren Zukunft. Die selbstheilenden Kräfte der Demokratie[52] müssen irgendwann wirksam werden.

Unsere derzeitige Demokratie ist eine Demokratie der

[52] Es gibt hier Ausnahmen. Mein hochgeschätzter Kollege Robert B. Reich, hat in seinem Kommentar zu der dominierenden politischen Rolle, die die begünstigte Oberschicht spielt, bemerkt, daß »ohne die Unterstützung des wohlhabenden Fünftels ‹der Bevölkerung›, es beinahe unmöglich wäre, die Mittel und den politischen Willen aufzubringen, die für einen Wandel notwendig sind.« The Work of Nations: Preparing ourselves for 21st-Century Capitalism (New York: Knopf, 1991), S. 251

Wohlhabenden und Zufriedenen. Sie haben ein Monopol auf alle politischen Rechte; die Armen und Unzufriedenen haben dagegen keine politische Lobby. Die Demokratie der zufriedenen Oberschicht erzeugt eine Politik, in der unbekümmert nur kurzfristig agiert und entschieden wird. Sie ist gekennzeichnet von der Anpassung der Wirtschafts- und Politikwissenschaft an das Lebensprinzip der wohlhabenden Oberschicht und von einer eigenständigen und alles beherrschenden Macht des Militärs. Die Außenpolitik, die im Zeichen dieser Demokratie betrieben wird, bleibt ohne die finanzielle Unterstützung, die sie in der Vergangenheit mitgeprägt hat und ist deshalb im starken Maße vom militärischen Establishment abhängig. Darüber hinaus trägt sie eher den Charakter von Freizeitgestaltung als von intelligenten, harten politischen Verhandlungen.

Der Ruf nach einem Arzt ist immer zwecklos, wenn einem dieser Arzt nur versichert, wie gesund er sich selbst fühlt.

Die beste Aussicht auf einen Strukturwandel böte eine Entwicklung, innerhalb derer die Wohlhabenden Einsicht in die Krankheiten des Systems zeigen würden. Man wird in Zukunft die politische Führung stärker daran messen, welche Veränderung sie bewirkt. Die gesellschaftliche Realität wird von Ereignissen bestimmt sein, die die Stimmung der zufriedenen Oberschicht grundlegend verändern werden. Eine ähnliche, wenn auch gedämpftere Stimmung gab es schon einmal in den 20er Jahren – zu Zeiten von Calvin Coolidge und Herbert Hoover. Am Ende dieser Zeit stand die große Depression. Ohne die Depression hätte es aber Franklin D.

Roosevelt und den New Deal nicht gegeben. Ohne den Angriff auf Pearl Harbor und Hitlers Kriegserklärung an die Vereinigten Staaten wären Roosevelts Bemühungen, England zu helfen politisch nicht durchzusetzen gewesen. Dwight D. Eisenhower hätte nicht die zwanzigjährige Vorherrschaft der demokratischen Partei in der amerikanischen Politik gebrochen, die mit dem Koreakrieg endete. Eisenhowers Verdienst war es, den Konflikt mit einem Land am anderen Ende der Welt energisch zu beenden. Nicht John F. Kennedy und Lyndon B. Johnson waren ausschlaggebend für die große Bürgerrechtsbewegung in den Staaten der ehemaligen Konföderation. Vielmehr war sie Folge einer Art Volkserhebung, die die Kultur der zufriedenen Oberschicht im Süden bedrohte und zu einer anderen Gesetzgebung führte. Ohne diese Revolte hätte kein Präsident, wie engagiert er in sozialen Fragen auch immer gewesen wäre, wirklich etwas bewegen können. Der Vietnamkrieg wurde nicht beendet, weil Richard Nixon, Gerald Ford oder Außenminister Henry Kissinger von plötzlicher Einsicht befallen wurden, sondern weil er innerpolitische Konflikte hervorrief, die den komfortablen Konsens bedrohten und weil eine junge Generation aus der Mittel- und Oberschicht nicht mehr bereit war zu kämpfen.

Lange vor der Reaktorhavarie von Three Mill Island waren ernsthafte Bedenken hinsichtlich der Sicherheit von Atomkraftwerken lautgeworden. Aber erst dieser Unfall hat, zumindest zeitweise, weitere Investitionen in die Atomindustrie verhindert.

Das gegenwärtige Zeitalter des Zufriedenseins wird nur dann ein Ende finden, wenn die, die davon profitieren, ihr Wohlleben ernsthaft gefährdet sehen, wenn also eine für die Etablierten negative Entwicklung eintritt. Neben einem ausgeprägten und erfolgreichen Engagement für die Belange der Benachteiligten gibt es noch drei andere plausible Möglichkeiten, die eine solche Veränderung bewirken könnten: eine allgemeine wirtschaftliche Katastrophe, eine erfolglose militärische Aktion im Zusammenhang mit einem internationalen Konflikt und ein Ausbruch der in der Unterschicht aufgestauten Wut. Diesen drei Möglichkeiten werde ich mich jetzt zuwenden. Dabei beschäftige ich mich zunächst mit den wirtschaftlichen Perspektiven, mit der Volkswut erst im nächsten Kapitel.

Es ist eine Tatsache, daß die nur an kurzfristigen Zielen ausgerichtete Wirtschaftspolitik, angepaßt an die Interessen der Oberschicht, langfristig ökonomisch nicht funktionieren kann. In der zweiten Hälfte der 80er Jahre marschierten die Vereinigten Staaten in eine ernste Rezession, wovon die ausländischen Handelspartner, insbesondere Kanada, aber auch Europa, nicht unberührt blieben. Einige dieser Schwierigkeiten wurden dem drohenden und später dann tatsächlich stattfindenden Golfkrieg zugeschrieben. Daß dagegen die wichtigsten Ursachen in der damals (und heute) praktizierten Wirtschaftspolitik lagen, steht außer Zweifel. Aufgrund der »Mergers and Aquisitions« und die »Leveraged Buy Outs« waren hochverschuldete Unternehmen entstanden, die unter entsprechenden Zinszahlungen zu leiden hatten. Unternehmenszusammenbrüche und Pleiten waren die Folge. Firmen, die aus irgendwelchen Gründen überleben konnten, kürzten, um solvent zu bleiben, ihre Investitionsprogramme, und zwar einschließlich der Investitionen in Forschung und Entwicklung. Investitionen in Unternehmen und in den Haus- und Wohnungsbau gingen auch deshalb zurück, weil man jahrzehntelang ausschließlich auf die Geldpolitik als wirtschaftspolitischem Steuerungsinstrument vertraut hatte – also dem Bemühen des Federal Reserve Board, die Inflation mit hohen Realzinsen einzudämmen. (Die Geldpolitik wirkt antiinflationär, um es noch einmal zu wiederholen, indem sie die Investitionsausgaben und die Kreditaufnahme der Verbraucher mit den ihr zur Verfügung stehenden Mitteln einschränkt.) Die hohen Zinsen bremsten die Spekulation im Bau von Büro- und Luxuswohnraum jedoch keineswegs. Und als die Baufirmen dann reihenweise zusammenbrachen, blieben die Banken mit schweren Verlusten auf der Strecke. Viele Banken mußten sogar Bankrott anmelden, und die Kreditvergabe wurde ganz allgemein eingeschränkt. Einige große Versicherungsgesellschaften waren in ähnlicher Weise betroffen und zwar die, die mit Junkbonds und faulen Hypothekarkrediten belastet waren. Der S&L-Skandal und der Zusammenbruch der Spar- und Kreditvereine hatten dazu geführt, daß eine weitere Quelle ausgetrocknet war, aus der Immobiliengeschäfte finanziert worden waren. So entstand ein großer Überhang an fragwürdigen Immobilien, für die alle Käufer gesucht wurden. Folge davon war eine Depression in der Bauindustrie, so daß es kaum noch Arbeitsplätze gab. Auch in anderen Arbeitsbereichen stieg die Arbeitslosigkeit drastisch. Das Vertrauen in die Wirtschaft auf seiten der Verbraucher und der Investoren war massiv erschüttert.

Die vielen Jahre, in denen ohne Not ein hohes Haushaltsdefizit mitgeschleppt wurde, zeigten jetzt ihre Wirkung, denn die Nachfrage des Staates, die die Wirtschaft jetzt hätte beleben können, konnte nun nicht geleistet werden, weil entsprechende Mittel nicht zur Verfügung standen. Die allseits von Applaus begleiteten Steuersenkungen für die oberen Einkommensschichten und die damit einhergehenden Streichungen im Wohlfahrtsbereich haben dazu geführt, daß nun statt der Armen die Reichen üppige Unterstützung erhielten. Eine vernünftige gleichgewichtige Einkommensverteilung wird nicht nur von Liberalen als politisch anständig angesehen, sie ist auch ökonomisch sinnvoll.

In all den Jahren, in denen die Politik an den Interessen der Zufriedenen ausgerichtet war, wurden auch die Zahlungen an die einzelnen Bundesstaaten und Kommunen drastisch gekürzt. Dies war einleuchtend: Die finanzielle Zuwendung des Bundes hat die Dienstleistungen der einzelnen Bundesstaaten und damit die Inanspruchnahme von Teilen der Einkommensteuer, die eine Bundessteuer ist, erhöht. Sich vor höheren Einkommensteuern zu schützen ist aber ein zentrales Ziel in der Kultur des Zufriedenseins. Entsprechend waren die einzelnen Bundesstaaten und Kommunen in der Rezession nun vor die Wahl gestellt, entweder ihre rückläufigen Steuern zu erhöhen oder die öffentlichen Ausgaben für die weniger Privilegierten und Armen einzuschränken oder beides zu tun. Jede dieser drei Möglichkeiten konnte allerdings die Rezession nur noch verschärfen. Und davon wären vor allem die Ärmeren betroffen gewesen.

Anhaltende Rezession oder Depression könnte in der

Tat die Wirtschaftspolitik im Sinne der Reichen und Zufriedenen erschüttern und zu einem Wandel führen. Wie schon vorher gesagt, ist dies ja auch in der großen Depression geschehen. Und es grassiert eine große Angst davor, daß sich ein solcher Mechanismus wiederholen könnte. In einer Fülle von Literatur werden die Ursachen der Krise detailliert erörtert. Die Autoren gehen davon aus, daß ein erneutes wirtschaftliches Debakel unvermeidlich ist.[53] Nun gehen jedoch wirtschaftliche Prognosen regelmäßig über die tatsächlich vorhandenen Informationen hinaus, und das ist auch in diesem Fall das Problem: Am Ausgang des Zeitalters der Zufriedenen muß nämlich nicht zwangsläufig eine anhaltende Depression stehen.

Zunächst gibt es auch in schwersten Zeiten viele Menschen, deren Wohlstand keine nennenswerten Einbußen erfährt. Wer sich in einer solchen Sicherheit wiegen kann, wird dann bereit sein, Nachteile hinzunehmen, um die Not anderer zu lindern.

In den 30er Jahren hat die wohlhabende Oberschicht Roosevelts Verbesserungsvorschläge sehr kritisch aufgenommen. Die Wahl gewann er 1932 zum einen, weil er versprochen hatte, den Bundeshaushalt zu konsolidieren und auszugleichen, zum anderen, Barrieren für die ohnehin wohlhabende Oberschicht weiter abzubauen. Er hat

[53] Der führende Fachmann auf diesem Gebiet, Dr. Ravi Batra, hat mit seinem Buch »The Great Depression of 1990« (New York: Simon & Schuster, 1987) viel Aufsehen erregt. Es wäre klüger gewesen, wenn er mit der Vorhersage des Zeitpunkts des von ihm erwarteten Desasters weniger präzise gewesen wäre.

also eine ziemlich dreiste Wählertäuschung betrieben und in Form von heftiger öffentlicher Kritik dafür die Quittung erhalten.

Er wurde als Verräter an seiner Klasse – der Oberschicht – an den Pranger gestellt. Die American Liberty League, eine Vereinigung von Geschäfts- und Finanzleuten, die den Begriff Freiheit mit ihren eigenen Privilegien gleichsetzten, wurde nur zu dem Zweck gegründet, Roosevelt zu bekämpfen. Vom Social Security Act von 1935, einem der wertvollsten und wichtigsten Instrumente, um die sozialen Verhältnisse zu verbessern, sagte ein führender Oppositionssprecher im Kongreß: »Noch nie in der Geschichte unseres Landes ist ein Gesetz eingebracht worden, daß auf eine so infame, hinterhältige Weise die wirtschaftliche Erholung verhindern, die Arbeiter versklaven und den Arbeitgebern jede Möglichkeit nehmen soll, den Leuten wieder Arbeit zu geben.« Ein nicht weniger engagierter Kollege sagte es kurz und bündig: »Dieser Tiefschlag des Diktators wird seine Wirkung haben.«[54] Roosevelts Revolution hatte nur deshalb Erfolg, weil die mit regierungsamtlicher Billigung Ausgebeuteten und die sozial Engagierten in den Wahlen der 30er Jahren eine Mehrheit stellten.

In den mehr als 50 Jahren, die seit dem New Deal vergangen sind, hat sich die Position der wohlhabenden Oberschicht noch um einiges gefestigt und zwar – Ironie

[54] Bei den Sprechern handelte es sich um den Abgeordneten John Taber und den Abgeordneten Daniel Reed. Sie werden zitiert bei Arthur M. Schlesinger, Jr., »The Coming of the New Deal«, vol. 2 of »The Age of Roosevelt« (Boston: Houghton Mifflin, 1958) S. 311

des Schicksals – gerade wegen der Maßnahmen, die sie einst so vehement bekämpft hat. Die Programme zum Schutz der Alten, der Kranken, der Farmer und der Anleger und Sparer bei Finanzinstitutionen sind ja bereits ausführlich dargestellt worden.

Eine der Gefahren, von denen die zufriedene Oberschicht sich dennoch bedroht fühlt, ist die Inflation. Anders als die Folgen von rückläufigem Sozialprodukt und Arbeitslosigkeit erschüttern die der Inflation die gesamte Wirtschaft. Dies gilt vor allem für Leute, die von festen Einkommen oder Kapitalerträgen leben. Der Kampf gegen die Inflation ist deshalb im Zeitalter des Zufriedenseins eines der oberen Ziele in der Wirtschaftspolitik. Diesem Umstand ist bislang wenig Beachtung geschenkt worden. Andererseits ist die negative Wirkung einer Rezession begrenzt und recht spezieller Natur. Die mit einer Rezession verbundene Arbeitslosigkeit ist das eigentliche Problem, aber es ist selbstverständlich keines für die zufriedene Oberschicht. In der Rezession der 90er Jahre war die Arbeitslosigkeit nur für kurze Zeit überhaupt ein Thema, obwohl Millionen davon betroffen waren. Dagegen blieb die Rolle der Zinsen bei der Inflationsbekämpfung ein stets herausgestrichenes Thema in der wirtschaftspolitisch ernstzunehmenden Diskussion.

So sehr auch staatliche Eingriffe im Zeitalter des Zufriedenseins abgelehnt werden, so sehr werden sie begrüßt, wenn sie den Interessen der zufriedenen Oberschicht dienen. Die Probleme der Armen sind dagegen offenbar nicht so wichtig. Daraus kann man den Schluß ziehen, daß Rezession oder Depression heute wahrscheinlich staatliche Maßnahmen in wesentlich geringerem Umfang nach sich ziehen würden als früher. Staatliche Beschäftigungsprogramme und Maßnahmen zur Bekämpfung der wachsenden Armut sind weit weniger wahrscheinlich als bisher. Die zufriedene Mehrheit unter den Wählern ist sich ihrer Position relativ sicher. Not und Elend werden bestenfalls mit Anteilnahme zur Kenntnis genommen, ihnen entgegenzutreten kommt niemandem in den Sinn. Die Rezession von 1990/91 ist hierfür ein gutes Beispiel. Vorschläge für kompensatorische Maßnahmen, mit denen man der erneut aufkommenden Not hätte begegnen können, waren, wenn überhaupt, nur in Ansätzen zu erkennen. Keine der politischen Parteien wollte sich wirklich engagieren. Viel eher war man geneigt, die Probleme herunterzuspielen, indem man darauf verwies, daß dies eben ein ganz normaler Vorgang innerhalb des Wirtschaftsablaufs sei, der im Rahmen der Selbstheilungskräfte des Marktes sicher bald zur wirtschaftlichen Erholung führen würde. Und als interessante Parallele zu den 30er Jahren läßt sich feststellen, daß die einzige offizielle Therapie zur Linderung der Not das Versprechen Washingtons war, die Rezession würde nicht sehr tiefgreifend und nur von kurzer Dauer sein. Dieses Versprechen war gleichsam der Text eines Lobliedes auf die Regierung. Joseph Schumpeters Auffassung von der heilenden Kraft einer Rezession oder Depression erlebte zwar nicht gerade eine Renaissance; aber die etwas ältere Lehrmeinung vom Automatismus und von der unausweichlichen Entwicklung des Konjunkturverlaufs wurde erneut propagiert.

Das Ende einer Rezession ist niemals leicht zu prognostizieren, aber im Laufe der Zeit greifen exogene Einflüsse, die die Rückkehr zu normalen wirtschaftlichen Bedingungen fördern. So sind die Vorräte erschöpft und müssen erneuert und ergänzt werden. Die Angst der Verbraucher nimmt ab. Wer noch irgendwie zahlungsfähig ist, kauft auch wieder. Am wichtigsten ist dabei jedoch der ausgeprägte Sinn fürs Geldverdienen; dieser eigenartige Charakterzug der menschlichen Intelligenz ist von einem sehr kurzen Erinnerungsvermögen gekennzeichnet. Deshalb werden Probleme, die in der Vergangenheit zum Desaster geführt haben, einfach vergessen oder verdrängt. Alles löst sich in Wohlgefallen auf. Stets entwickeln die Macher wieder Vertrauen in die einzigartigen Talente einer neuen Generation. Am lautesten tun dies jene, die am meisten davon profitieren. Die Objekte der Spekulation sind dabei variabel. In jüngster Vergangenheit war die Begeisterung für den Handel mit festverzinslichen Wertpapieren, mit Warentermingeschäften, für den Handel mit Bezugsrechten auf neue Aktien, für das Geschäft mit Junkbonds, städtischen Immobilien und Kunstgegenständen besonders groß. Und hinter dieser euphorischen Verbindung steht nichts als die Täuschung der Anleger und die unheilbare Illusion, daß jeder auf leichte Weise Geld verdienen könne. Dabei verlangt der Umgang mit großen Geldsummen einen besonderen ökonomischen Scharfblick. Diesen Sachverstand schreibt man in aller Regel gern den großen Banken zu, und es wird daran bis zu dem Tag festgehalten, an dem umfangreiche Wertberichtigungen wegen der Verluste aus dem Anlagegeschäft angekündigt und große Fehler eingestanden werden müssen.

Dennoch muß man zugeben, daß eine Wirtschaftskrise

wie die von 1929, zu der katastrophale Fehlspekulationen erheblich beigetragen haben, zwar möglich, aber nicht sehr wahrscheinlich ist.

Was mit sehr viel größerer Wahrscheinlichkeit in der amerikanischen Wirtschaft eintreten wird, ist eine eher graduelle als endgültige Verstopfung des Kreislaufsystems. Die entsprechenden Gefahren werden aber wohl allmählich erkannt und ihre Ursachen beseitigt. Die verarbeitende Industrie Amerikas und die Wirtschaft insgesamt gewinnen langsam wieder Anschluß an die überragende Leistung Japans, Deutschlands und an Länder des pazifischen Raums. Wichtig für diesen Prozeß sind insbesondere wirtschaftspolitische Maßnahmen, die die Investitionsbereitschaft fördern. In den Vereinigten Staaten werden solche Maßnahmen an den Vorstellungen der zufriedenen Oberschicht ausgerichtet. In den wirtschaftlich aggressiveren und erfolgreicheren Ländern dienen sie direkt der Investitionstätigkeit der Unternehmer. Auch das militärische Establishment verbraucht in diesen Ländern erheblich weniger Kapital und zieht entsprechend weniger qualifizierte Arbeitskräfte ab. Die ökonomische Zukunft der Vereinigten Staaten liegt daher wahrscheinlich, bei allen Einschränkungen, die für ökonomische Prognosen immer gelten, in einem dauerhaften sozialen Ungleichgewicht. Nicht zu rechnen ist dagegen mit einem plötzlichen und dramatischen Zusammenbruch.

14

Die Abrechnung II

Die Kultur des Zufriedenseins wird also bedroht von unpopulären Militäraktionen und einer potentiellen Revolte der Unterschicht, welche Form die auch immer annehmen mag.

Die nahezu autonome Macht des Militärs in den Vereinigten Staaten kann ebensowenig bestritten werden wie die Allianz, die es mit den Wohlhabenden und Zufriedenen eingegangen ist. Vom Militäretat profitiert, wie wir gesehen haben, ein wichtiger und politisch einflußreicher Teil dieser Gruppe. Die Militärdienstleistenden dagegen, die das Risiko tragen, kommen überwiegend aus den sozial weniger privilegierten Schichten.

Der Militärdienst ist für sie eine Alternative zu ihren ansonsten eher schlechten beruflichen Aufstiegschancen. Die Wohlhabenden und Zufriedenen, deren Söhne selbst sich der Army überprozentual hoch verweigern, preisen diese Alternative als freiwilligen Dienst am Vaterland.

Beinahe jede militärische Aktion wird von der Bevölkerung kurzfristig unterstützt. Strategie und Technologie eines modernen Krieges werden mit einer gewissen Zwangsläufigkeit bewundert. Diese Reaktion ist wohl bei einem guten Teil irrational und beruht weniger auf politischer Analyse. Wie in grauer Vorzeit demonstriert auch heute noch die Kampfstärke einer Gemeinschaft eine Art »Stammeswärme«. Deshalb wird wohl eher selten nach dem moralischen Grund des Krieges gefragt.

Aber diese Stimmung ist nicht von Dauer, wie sich bei den Aktionen gegen Grenada, Panama und auch gegen Iraks Saddam Hussein gezeigt hat. Im Falle großer Kriege ist die Stimmung dagegen fast immer von Anfang an negativ.

Der Erste Weltkrieg ging in die Geschichte als sinnloses Gemetzel ein, obwohl eine gewaltige Welle von Patriotismus über das Land geschwemmt war. Die damals regierenden Demokraten erhielten 1920 mit einer vernichtenden Wahlniederlage die Quittung für diesen Krieg. Der Zweite Weltkrieg, in den die USA nach der italienischen und deutschen Kriegserklärung einzutreten gezwungen waren, kam in der öffentlichen Meinung schon etwas besser weg. Sowohl der Korea- als auch der Vietnamkrieg jedoch, auch sie beide in den ersten Monaten noch begeistert unterstützt, galten schon bald als Desaster. Entsprechend ablehnend stand die Bevölkerung der jeweils dafür verantwortlichen Regierung gegenüber. Auf lange Sicht, da gibt es keinen Zweifel, stört ein anhaltender Krieg ganz massiv die politischen und ökonomischen Interessen der Zufriedenen und Wohlhabenden.

Die Macht des Militärs könnte in Zukunft die Kultur des Zufriedenseins bedrohen. Der Vietnamkrieg hat gezeigt, daß gerade die zufriedene Oberschicht sich von militärischen Interventionen herausgefordert fühlt. Denn die Hunderttausende, die aus Protest auf die Straße zogen, gehörten überwiegend dieser Schicht an. Ein schwerer militärischer Konflikt aber, vielleicht sogar einer, der die USA selbst unmittelbar bedroht, würde auf erheblich härteren Protest, wenn nicht auf unüberwindbaren Widerstand stoßen. Und darunter wiederum würde der wirtschaftliche und soziale Konsens leiden, der zur Zeit die wohlhabende und zufriedene Oberschicht zusammenhält. Ähnliches wäre wohl auch zu erwarten, wenn sich die Vereinigten Staaten militärisch auf breiter Basis etwa in Ländern Südamerikas engagieren würden. Daran sollten all jene denken, die die Vereinigten Staaten gern in der Rolle des Weltpolizisten sehen möchten.

Diesen potentiellen politischen Erosionen steht jedoch eine beträchtliche Kraft entgegen: die politische Auffassung der zufriedenen Oberschicht, der die Risiken größerer militärischer Abenteuer bewußt sind oder die sie aus anderen Gründen ablehnt. So wirkt die Oberschicht hier als Bremse. Diese begrüßenswerte Vorsicht reicht sogar bis in das militärische Establishment selbst hinein. Und mit dem Zusammenbruch des Kommunismus ist der Einfluß, den die kriegstreibende, antikommunistische Paranoia unter der zufriedenen Oberschicht gehabt hat, geringer geworden. Dies wiederum hat auch die scheinbare Notwendigkeit relativiert, militärisch in Ländern zu intervenieren, von denen man gefürchtet hat, der Kommunismus hätte dort Fuß gefaßt.

Während dieses Buch geschrieben wurde, ist der Kommunismus zusammengebrochen; der Kalte Krieg wurde beendet. Es zeigt die eigenständige Machtposition des Militärs, daß sein Etat davon weitgehend unberührt blieb – wenn man davon absieht, daß ein erhebliches Potential an Atomwaffen verschrottet wird.

Es liegt in der Natur des Krieges, um Clausewitz zu zitieren, daß das einzig Sichere die Unsicherheit ist. Die zukünftigen Folgen militärischer Macht für das politische Bewußtsein der zufriedenen Oberschicht sind nicht vorhersehbar. Jede Prognose wäre reine Spekulation. Wenn man einmal sehr allgemein unterstellt, daß auch in Zukunft politische Dammbrüche eher unwahrscheinlich sind, wird die Macht des Militärs wohl weiterhin erhalten bleiben. Ähnliches gilt mit ziemlicher Sicherheit für begrenzte, also als risikolos eingeschätzte Kriege. Seit dem Krieg gegen Saddam Hussein wissen wir, daß es außer der Gefahr des Kommunismus noch andere Gründe für eine militärische Intervention geben kann. Mehr als das kann niemand mit Fug und Recht voraussagen.

Eine deutlichere Gefahr für Wohlstand und Zufriedensein der Oberschicht droht von denen, die sozial ausgegrenzt werden: von der Unterschicht in den städtischen Slums.

Die Angehörigen dieser Unterschicht verfügen allerdings keineswegs über eine einheitliche Wahrnehmung ihres eigenen Elends. Nach Meinung der Wohlhabenden und Zufriedenen ist das Leben in den inneren Städten von Armut, Mangel und Gefahr gekennzeichnet, vor denen die Anwohner in Alkohol, Drogen und Gewalt fliehen. Sofern diese Menschen aber aus Mexiko, Zentralamerika oder aus Tahiti immigriert sind, haben sie ihre Lebensumstände in jedem Fall erheblich verbessert. Viele von ihnen sind auch vor politischer Unterdrückung geflohen oder vor einem Bürgerkrieg in ihren Heimatländern. Man lebt in den Barrios von Los Angeles immer noch besser und sicherer als in einer bürgerlichen Existenz in El Salvador oder Nicaragua. Dies gilt aber nicht nur für politische und Armutsflüchtlinge aus anderen Staaten. Es trifft auch auf die armen Wanderarbeiter aus dem Süden zu oder jene Menschen, die die Täler des Appalachengebirges gegen die Slums in den Städten eingetauscht haben.

Obwohl ein homogenes Bewußtsein von der eigenen Not in der bunt gewürfelten Schicht der Unterprivilegierten nicht vorhanden ist, ist die Gefahr, daß sie irgendwann auch irgendwie revoltiert, keineswegs gebannt. Es hat solche Unruhen in der Vergangenheit ja schon gegeben, wenn auch aus anderem Anlaß: etwa die gewalttätigen Auseinandersetzungen im Kern der Großstädte in den späten 60er Jahren.

Die politische Ruhe – so scheint es – war bislang deshalb weitgehend relativ stabil, weil die Betroffenen im Vergleich zu ihren früheren ihre gegenwärtigen Lebensverhältnisse als immer noch besser erträglich ansehen. Diese zunächst positive Einstellung verschleißt sich aber im Laufe der Zeit ebenso wie die Hoffnung, daß man dem Elend durch einen entsprechenden wirtschaftlichen und sozialen Aufstieg entkommen könne. Eine rückläufige Konjunktur oder, schlimmer noch, eine länger anhaltende Rezession oder Depression könnte die relative Ruhe erschüttern. Die Wellenbewegung der aufeinander folgenden Wellen. Von den Arbeitern, die aus den Landwirtschaftsgebieten Michigans und Ontarios und später dann aus dem Appalachengebirge oder aus dem Süden etwa in die Automobilfabriken Detroits abgewandert sind, leben viele heute in Dauerarbeitslosigkeit. Es kann daher nicht überraschen, wenn ihr Elend sich eines Tages in Gewalt Luft macht. Die in Wohlstand und Komfort leben, waren schon immer der Auffassung, daß die auf der anderen Seite des Grabens ihr Schicksal friedvoll und glücklich akzeptieren. Dieser Irrglaube könnte eines Tages wie eine Seifenblase platzen.

Was man vielleicht am ehesten vorhersagen kann, ist die Reaktion der zufriedenen Oberschicht auf die miserablen Lebensumstände und die Gewalt, die in den Slums der Großstadtzentren herrschen, vor allem, wenn diese Gewalt noch extremere Formen annähme.

Eine erste Entwicklung ist bereits abzusehen: Die Wohlhabenden flüchten in eine Art Wagenburg-Mentalität. Sie stellen ihre eigenen Sicherheitstruppen zusammen oder sie wandern in die vermeintlich sichereren Vororte ab. Auch dies zeigt wieder den Hang zu kurzfristiger Problemlösung: Es gilt offenbar als erfolgversprechender, sich hinter privaten Sicherheitskräften und Schutzwällen zu verschanzen, als die sozialen Ursachen von Gewalt in den Slums zu bekämpfen.

Sollten Kriminalität und Gewalt in den Städten noch zunehmen, kann man ebenfalls eine Reaktion der Oberschicht prognostizieren. In einer Hinsicht zumindest. Sie wird nämlich nicht die sozialen Bedingungen, unter denen die Slumbewohner leben, dafür verantwortlich machen, sondern deren vermeintlich minderwertige, ja kriminelle Veranlagung. Auch das zeichnet sich heute schon ab. Eine der wichtigsten Antworten auf die wachsende Kriminalität und das zunehmende Chaos in den großen Städten besteht schon jetzt in dem Ruf nach schärferen Gesetzen – einschließlich der Todesstrafe. Kein anderes Thema ist heute so heiß umstritten. Diese Stimmung kann dazu führen, daß zunehmende Gewalt mit Waffengewalt unterdrückt wird – zunächst von der Polizei, später vielleicht sogar von den Streitkräften, respektive der Nationalgarde. Die Tatsache, daß Menschen in Wohlstand und Komfort friedlicher miteinander auskommen als Menschen, die im Elend hausen, wird einfach ignoriert. Wenn man überhaupt etwas einigermaßen zuverlässig vorhersagen kann, dann vielleicht, daß es in Zukunft in den verslumten Stadtzentren zu massivem und brutalem Einsatz staatlicher Autorität und Gewalthoheit kommen wird.

Ein letzter Punkt sei noch betont. Rezession und Depression, die nahezu autonome Macht des Militärs und die wachsende Unruhe in den städtischen Slums (Folge allgemeiner Verschlechterung der Lebensumstände und der Hoffnungslosigkeit), wurden hier als getrennte Faktoren beschrieben. Sie könnten aber auch zugleich wirksam werden und dann auch noch kumulieren. Eine anhaltende Rezession kann gewalttätige Unruhen in den städtischen Problemgebieten auslösen und die Horrorvision eines militärischen Eingreifens Wirklichkeit werden lassen. Die aus der sozialen Unterschicht stammenden Angehörigen des Militärs würden dann gegen Unterprivilegierte in den Slums kämpfen. Und damit könnte sich das Blatt gegen die zufriedene Oberschicht wenden. Die aber ist unerschütterlich davon überzeugt, daß die Zukunft niemals beginnt und ihr eigenes komfortables Leben bis in alle Ewigkeit unangetastet bleibt.

15

Requiem

Von Büchern dieses Genres wird erwartet, daß sie einen positiven Ausblick bieten. Ist erst einmal allgemein ins Bewußtsein eingedrungen, was falsch läuft, meint man, daß die heilenden Kräfte der Demokratie von selbst in Aktion träten. Und vielleicht träfe das sogar zu, wenn die Demokratie wirklich funktionieren und die Interessen und Wünsche *aller* Bürger berücksichtigen würde. Man könnte auch die, die heute noch ausgegrenzt sind, für vitale Demokratie und Toleranz und damit für mehr Friedfertigkeit begeistern: wenn man sie wirklich davon überzeugen könnte, daß sie an den Segnungen dieser Demokratie teilhaben dürfen. Die gegenwärtige Demokratie ist aber leider nur für jene da, denen der Sinn für dringliche Probleme gänzlich abgeht. Sie sehen im eigenen Komfort das beste Gegenmittel gegen alle falschen Entwicklungen. Das ist traurig. Denn was man gegen Not und Elend tun müßte, ist ja keineswegs unbekannt. Und die entsprechenden Maßnahmen hätten auch für die Wohlhabenden keineswegs nur unerfreuliche Folgen. Statt sich auf ihren Ressentiments auszuruhen, könnte die zufriedene Oberschicht soziale Probleme auch als positive Herausforderung begreifen, deren Akzeptanz auf längere Sicht Wohlstand und Sicherheit sogar festigen würde. Von entscheidender Bedeutung für diese auf lange Sicht größere Sicherheit ist der Charakter der modernen Industriegesellschaft.

In den Jahren nach dem Zweiten Weltkrieg hat die moderne Wirtschaft in den Vereinigten Staaten, in Westeuropa, in Japan und in einigen Ländern des pazifischen Raums mit einer Mischung von Anreizen, die vom Markt ausgingen, und staatlicher Intervention eine phänomenale Stärke erlangt. Nun kann man gewiß nicht sagen, daß sich in dieser Tatsache nur die herausragend kluge Wirtschaftspolitik widerspiegelt. Das Wunderbare an der modernen Mixed Economy liegt vielmehr in ihrer potentiellen inneren Kraft und der daraus resultierenden Fähigkeit, immer wenn es brenzlig wird, alle Unzulänglichkeiten, Fehler, Schlampereien oder mangelnden Fachkenntnisse derer auszubügeln, die angeblich ihre Leistungsträger sind.

Immer aber hilft das nicht. Der amerikanischen Wirtschaft könnte nämlich die gleichgültige und schlechte Politik, wenn sie denn weiterhin das Handeln bestimmt, durchaus aufs Butterende schlagen. So hat es sich in den letzten Jahren ja schließlich verhalten. Dabei bedarf es gar keiner besonders raffinierten Maßnahmen, um zur Position der Stärke zurückzufinden. Voraussetzung dafür ist allerdings, daß die Geisteshaltung der Oberschicht sich gründlich ändert. Die Arznei dafür ist gar nicht so kompliziert gemixt. Ökonomen beschwören mit schöner Regelmäßigkeit, wie rätselhaft und sensibel das Wirtschaftsgefüge ist. Sie wollen uns weismachen, es gäbe so etwas wie eine höhere Instanz, die lenkend eingreift. Niemand sollte sich davon täuschen lassen.

Einer wichtigen Erkenntnis nämlich kann man nicht ausweichen: Beinahe jede Maßnahme, die der Wiederherstellung der Wirtschaftskraft dient, betrifft auch das Verhältnis von Bürger und Staat. In den sozialistischen Ländern wurden einst sämtliche Zugeständnisse in Richtung Marktwirtschaft als Zugeständnis an den Kapitalismus abgelehnt. Sie waren ein unangreifbares Tabu. Ironie des Schicksals ist es nun, daß gerade derartige Konzessionen (insbesondere im Bereich der Konsumgüter, Dienstleistungen und der Landwirtschaft), den Kommunismus, respektive den Sozialismus hätten retten können. Diese Bereiche hätten einfach dem Zugriff des Kommandosystems entzogen werden müssen. Und fortgesetzte Ironie des Schicksals ist es, daß mit geänderten Vorzeichen Ähnliches für den modernen Kapitalismus gilt. Obwohl staatliche Interventionen auf breiter Front den Kapitalismus schon einmal gerettet haben, ist der Widerstand gegen solche Eingriffe so groß wie niemals zuvor. Die Dialektik des modernen Kapitalismus, oder genauer gesagt der modernen Mixed Economy, schließt alle möglichen Verfahrensweisen ein, nur nicht die Rolle, die der Staat zu spielen hat.

In nichts war die Kultur des Zufriedenseins wohl so erfolgreich, wie darin, die Einstellung gegenüber dem Staat zu prägen. Auf einigen Gebieten – Machterhalt der Streitkräfte, Beschaffung hochtechnologischer Waffensysteme – hat sich der Staat ja unbestritten hervorragend bewährt. Und auch für die Außenpolitik, die Social Security und die Auffangaktionen für die Banken wird unterstellt, daß der Staat funktioniert. Nur dort, wo staatliche Regulierung soziale Erosion und selbstzerstörerische

Tendenzen des Systems eindämmen soll, werden seine Maßnahmen als nicht angemessen und in hohem Maße als kontraproduktiv empfunden. Die Beschäftigten des Öffentlichen Dienstes gelten als inkompetente Bürokraten, die nur auf ihren eigenen Vorteil bedacht sind, darüber hinaus als korrupt und ineffizient. Da liegt die Gefahr einer *self fullfilling prophecy* ziemlich nahe. Denn wenn Beamte und andere Staatsdiener in den Medien stets als inkompetent beschimpft werden, werden sie wahrscheinlich resignieren und so arbeiten, wie man es zuvor von ihnen behauptet hat. Vernünftig wäre es daher, intelligente staatliche Interventionen zukünftig als Leistung anzuerkennen, unabhängig davon, ob sie nun gerade den Wohlhabenden oder den Armen zugutekommen. Die momentane einseitige Betrachtungsweise dient nur allzu durchsichtig dem Ziel, den langfristigen Problemen einfach auszuweichen.

Politischer Wandel in diesem Sinne bedeutet zunächst volkswirtschaftlichen Wandel. Daß die Wirtschaft vom Staat kontrolliert werden muß, ist seit dem revolutionären Denker John Maynard Keynes unbestritten. Seither wissen wir, daß wirtschaftliche Stabilität, Wirtschaftswachstum, Arbeitsplatzsicherung und Inflationsbekämpfung nicht mehr dem lieben Gott oder dem Laisser-faire überlassen werden können. Aber die erforderliche Steuerung durch den Staat ist mit Hilfe von Zinssätzen allein, die die Gesamtnachfrage, die sich wiederum aus der Nachfrage nach Krediten für Investitionen und der Nachfrage nach Krediten seitens der Verbraucher zusammensetzt, nicht hinreichend zu bewerkstelligen. Niedrigere Zinsen sorgen für eine Steigerung der Produktion und damit für mehr Arbeitsplätze; höhere Zinsen bremsen oder verhindern die Inflation. Es ist daher unbedingt erforderlich, daß Wirtschaftspolitik endlich über die Haushalte läuft, also mit dem Instrument der staatlichen Einnahmen- und Ausgabenpolitik betrieben wird, und nicht mit Hilfe von Geldpolitik wie im Augenblick. Denn die verhindert massiv langfristige Investitionen und beeinträchtigt so die Leistungsfähigkeit der Industrie. Wenn eine Inflation droht, sollten nicht die Zügel in erster Linie bei den Krediten für produktive Investitionen angezogen werden, sondern man sollte mit dem Mittel der Besteuerung beim privaten Konsum ansetzen und dort, wo es sozial verträglich ist, geplante öffentliche Ausgaben auf einen späteren Zeitpunkt verschieben. Die Investitionen und die sich daraus ergebenden Produktivitätszuwächse in der Industrie würden auf diese Weise nicht gefährdet, wenn Preisstabilität wiederhergestellt werden muß. Dies ist nebenbei eine Politik, die in den Jahren nach dem Zweiten Weltkrieg, also zur Blütezeit der amerikanischen Wirtschaft[55], allseits akzeptiert war. Heute existiert dagegen kein Instrument, das dem eisernen Willen der wohlhabenden und zufriedenen Oberschicht, Steuererhöhungen nicht hinzunehmen, stärker zuwiderliefe.

In Zeiten wirtschaftlicher Rezession, wie wir sie beispielsweise jetzt erleben, gibt es Gründe genug, nicht nur

[55] Lyndon Johnson wurde in den 60er Jahren heftig dafür kritisiert, daß er, um den Vietnamkrieg zu finanzieren, erst so spät die Steuern erhöht hat. Diese verzögerte Steuererhöhung wurde häufig als Grund für die später einsetzende Inflation genannt.

die Zinsen zu senken, sondern auch mehr Geld in den Bau von Straßen, Brücken, Flughäfen und andere zivile Einrichtungen zu investieren. Das trifft selbstverständlich auch auf den Bereich der öffentlichen Wohlfahrt zu. All dies dient nämlich dazu, die Arbeitslosen wieder zu beschäftigen und andere sozial Schwache, die unter der Rezession besonders zu leiden haben, vor deren Folgen zu schützen.

Im Zeitalter des Zufriedenseins aber birgt ein solch sinnvolles Verhalten Konfliktstoff: Es wären ausnahmsweise einmal nicht die Wohlhabenden, die von einer derartigen Politik profitieren würden. Während der 80er Jahre, in denen das Zeitalter des Zufriedenseins eine ungeahnte Blüte erlebte, gab es ein großes anhaltendes Defizit im Bundeshaushalt. Obwohl dieses Defizit immer wieder Thema eloquenter Diskussionen war, blieb die Oberschicht dabei, es für eine weit geringere Gefahr zu halten als Steuererhöhungen, mit deren Hilfe man es hätte verringern können. Während der dann folgenden Rezession gerieten Maßnahmen zugunsten der sozial Ausgegrenzten in den Bereich des Undenkbaren.

Das einzige Instrument, die ungleiche Einkommensverteilung, die nun einmal mit dem Kapitalismus verbunden ist, ein wenig auszugleichen, ist die progressive Einkommensteuer. Nichts hat im Zeitalter des Zufriedenseins das Einkommensgefälle so groß werden lassen, wie die Steuersenkung für die Reichen. Daß nun Steuern ein Mittel sein sollen, das dieses Gefälle korrigiert, liegt außerhalb ihrer Vorstellungskraft. Hier wird die Interessenkollision zwischen einer sozial vorausschauenden Politik und der Kultur des Zufriedenseins besonders deutlich.

Staatliche Maßnahmen sind auch mit Blick auf die systemimmanenten, selbstzerstörerischen Tendenzen unseres Wirtschaftssystems unerläßlich. Ein sehr gutes Beispiel für die negativen Konsequenzen, die sich ohne entsprechende staatliche Intervention einstellen, war die Welle von Spekulationen (häufig geradezu räuberischer Natur), die während der 80er Jahre das Land erschütterten. Dem hätte eine vorausschauende und verantwortungsbewußte Politik Einhalt gebieten können. Hätte man die Exzesse der Spekulation auf seiten der Spar- und Kreditvereine (Savings- and Loan Associations) und auch der Commercial Banks mit einer vorsichtigen Regulierung verhindert – und das wäre möglich gewesen – hätte man auf die erheblich kostenintensiveren Stützungsmaßnahmen verzichten können. So mußten diese Institutionen mit Hilfe staatlicher Bürgschaften wieder aus dem Schuldturm herausgeholt werden. Es wäre weit billiger gewesen, Michael Milken, den Architekt der Junkbondexplosion, rechtzeitig zu stoppen. Statt dessen hat man sein kriminelles Treiben hingenommen und später kräftig draufgezahlt.

Die gesamte »Mergers and Acquisitions Manie« der 80er Jahre hätte in einem frühen Stadium gesetzlich gestoppt werden können, die Hearings und eine Wartezeit für jede umfänglichere Substitution von Eigenkapital in Schulden – einem weltweit gültigen Kennzeichen des Cooperative Raiding (Kursdruckerei), – anderer Fusionen und der Leveraged Buyouts verlangt hätte. Vielen Unternehmen wären die unangenehmen Folgen hoher Schuldendienstleistungen für Investitionen und Produktivität erspart geblieben: Und viele Unternehmenszusammenbrüche hätten mit geringem Kostenaufwand vermieden werden können.

Die verheerende Lage der von der Sozialhilfe lebenden Unterschicht hat sich als das größte soziale Problem unserer Zeit herausgestellt. Und es ist darüber hinaus auf lange Sicht die größte Gefahr für den inneren Frieden in unserem Land.

Das Leben in den Großstädten kann und wird nur mit staatlicher Hilfe zu verändern sein: Dazu gehören bessere Schulen mit besser bezahlten Lehrern, besser ausgerüstete Fürsorgedienste, Drogenberatungsstellen, Umschulung von Arbeitslosen, staatlicher Wohnungsbau – denn in keinem Industrieland der Welt bauen private Unternehmen für die armen Leute Häuser –, vernünftig finanzierte Möglichkeiten der Freizeitgestaltung, öffentliche Büchereien und eine verbesserte Ausstattung und Bezahlung der Polizei. Die Frage ist nicht, was getan werden kann, sondern was bezahlt werden wird.

Ich möchte noch einige Anmerkungen zum Bildungssystem machen. Die Bedeutung einer guten Schulausbildung ist allgemein unstrittig; daß die Bildungsdefizite die wirtschaftliche Position Amerikas geschwächt haben, wird allenthalben diskutiert. Und es war viel die Rede von einer entsprechenden Reform. Präsident Bush wollte eines Tages als »Bildungspräsident« in die Geschichte eingehen. Nur wurden entsprechende öffentliche Mittel nicht zur Verfügung gestellt. Das traf besonders auf die Schulen in den großen Städten zu. Ohne eine gewisse Investitionsbereitschaft aber ist eine Verbesserung des Bildungswesens nicht möglich. Heute ist schon abzusehen, woran eine wirksame Bildungspolitik scheitern wird: Wenn die geplanten öffentlichen Ausgaben für ein verbessertes Schulsystem, der Bereitschaft, mehr Steuern zu zahlen, entgegenstehen.[56]

Und zum Schluß noch einige Worte zur Macht der Militärs. In welchem Maße die Streitkräfte öffentliche Mittel (und Steuern!) verbrauchen und qualifizierte Kräfte aus zivilen Bereichen abziehen, ist hinreichend dargelegt worden. Auch die Tatsache, daß dies für den wirtschaftlichen Niedergang der Vereinigten Staaten mit verantwortlich ist. Vergleicht man nämlich die USA mit Deutschland und Japan, so stellt man fest, daß ihre Streitkräfte sie nicht annähernd so stark belasten. Nach dem Zusammenbruch des Kommunismus und dem Ende des Kalten Krieges keimte kurz die Hoffnung auf eine grundlegende Änderung. Kurz hatte man geglaubt, der Frieden würde sich ein wenig auszahlen.

Diese Erwartungen aber wurden enttäuscht. Ursache dafür sind zwei entscheidende Faktoren, auf die wir schon hingewiesen haben. Die autonome Macht des militärischen Establishments ist von der Existenz eines wirklichen Feindes so gut wie unabhängig; die Macht erhält sich selbst. Andererseits sind auch »kleine« Feinde wie Saddam Hussein oder sogar Manuel Noriega immer sehr nützlich. Mit dem Golfkrieg hat man aufgehört, eine

[56] Wie immer, so ist auch im Hinblick auf die Qualität des amerikanischen Bildungssystems jede Verallgemeinerung verkehrt. In den besser situierten Vororten kann die schulische Ausbildung ganz hervorragend sein. Und die amerikanischen Universitäten, und insbesondere die aus öffentlichen Mitteln finanzierten State Universities, wo der größte Teil der jungen Leute aus der zufriedenen Oberschicht immatrikuliert ist, sind die besten der Welt.

Friedensdividende überhaupt zu erwähnen. Daß das Ende des Kalten Krieges sich irgendwie auszahlen müßte, ist keine Diskussion mehr wert. Mittel, die das Militärestablishment heute noch für so dubiose Waffensysteme wie Star Wars oder dem Stealth Bomber zufließen, würden im Bildungssystem zu einer kleinen Revolution führen und die Situation in den Großstädten nachhaltig beruhigen. Aber niemand sollte an dem kaum zu brechenden Widerstand zweifeln, den das Militär dem entgegensetzen würde.

Ich habe in diesem Buch davon gesprochen, daß sich vielleicht eines schönen Tages ein amerikanischer Präsidentschaftskandidat den Bedürfnissen der sozial Schwachen wirklich verpflichtet fühlen könnte. Wenn die sich dann auch noch an den Wahlen beteiligen würden, hätte er vielleicht sogar eine Chance. Aber wie schon gesagt: Die Aussichten dafür sind nicht gerade rosig.

Jahresübersicht 1993

Januar						
Mo		4	11	18	25	
Di		5	12	19	26	
Mi		6	13	20	27	
Do		7	14	21	28	
Fr	1	8	15	22	29	
Sa	2	9	16	23	30	
So	**3**	**10**	**17**	**24**	**31**	

Februar						
Mo	1	8	15	22		
Di	2	9	16	23		
Mi	3	10	17	24		
Do	4	11	18	25		
Fr	5	12	19	26		
Sa	6	13	20	27		
So	**7**	**14**	**21**	**28**		

März						
Mo	1	8	15	22	29	
Di	2	9	16	23	30	
Mi	3	10	17	24	31	
Do	4	11	18	25		
Fr	5	12	19	26		
Sa	6	13	20	27		
So	**7**	**14**	**21**	**28**		

April						
Mo		5	12	19	26	
Di		6	13	20	27	
Mi		7	14	21	28	
Do	1	8	15	22	29	
Fr	2	9	16	23	30	
Sa	3	10	17	24		
So	**4**	**11**	**18**	**25**		

Mai						
Mo		3	10	17	24	31
Di		4	11	18	25	
Mi		5	12	19	26	
Do		6	13	20	27	
Fr		7	14	21	28	
Sa	1	8	15	22	29	
So	**2**	**9**	**16**	**23**	**30**	

Juni						
Mo		7	14	21	28	
Di	1	8	15	22	29	
Mi	2	9	16	23	30	
Do	3	10	17	24		
Fr	4	11	18	25		
Sa	5	12	19	26		
So	**6**	**13**	**20**	**27**		

Juli						
Mo		5	12	19	26	
Di		6	13	20	27	
Mi		7	14	21	28	
Do	1	8	15	22	29	
Fr	2	9	16	23	30	
Sa	3	10	17	24	31	
So	**4**	**11**	**18**	**25**		

August						
Mo		2	9	16	23	30
Di		3	10	17	24	31
Mi		4	11	18	25	
Do		5	12	19	26	
Fr		6	13	20	27	
Sa		7	14	21	28	
So	**1**	**8**	**15**	**22**	**29**	

September						
Mo		6	13	20	27	
Di		7	14	21	28	
Mi	1	8	15	22	29	
Do	2	9	16	23	30	
Fr	3	10	17	24		
Sa	4	11	18	25		
So	**5**	**12**	**19**	**26**		

Oktober						
Mo		4	11	18	25	
Di		5	12	19	26	
Mi		6	13	20	27	
Do		7	14	21	28	
Fr	1	8	15	22	29	
Sa	2	9	16	23	30	
So	**3**	**10**	**17**	**24**	**31**	

November						
Mo	1	8	15	22	29	
Di	2	9	16	23	30	
Mi	3	10	17	24		
Do	4	11	18	25		
Fr	5	12	19	26		
Sa	6	13	20	27		
So	**7**	**14**	**21**	**28**		

Dezember						
Mo		6	13	20	27	
Di		7	14	21	28	
Mi	1	8	15	22	29	
Do	2	9	16	23	30	
Fr	3	10	17	24	31	
Sa	4	11	18	25		
So	**5**	**12**	**19**	**26**		

Karfreitag 9. April, Ostern 11. und 12. April, Christi Himmelfahrt 20. Mai, Pfingsten 30. und 31. Mai, Fronleichnam 10. Juni, Buß- und Bettag 17. November

BERLITZ®

So lernen Sie mit dem Berlitz-Sprachkalender Russisch:

- In den ersten Wochen des Jahres machen wir Sie Schritt für Schritt mit den russischen Buchstaben vertraut
- Eine phonetische Umschrift mit deutschen Buchstaben erleichtert zu Beginn die Aussprache. **Eine zusammenfassende Erläuterung zur Aussprache der russischen Buchstaben finden Sie am Ende des Kalenders.**
- Mit kurzen Texten, Dialogen, Sprichwörtern und Zitaten lernen Sie die Grundregeln und den Grundwortschatz der russischen Sprache
- In kleinen Übungen können Sie das Gelernte wiederholen und vertiefen
- Auf den Kalenderrückseiten finden Sie die deutschen Übersetzungen der Texte
- Die neuen Vokabeln sind übersichtlich pro Kalenderblatt aufgelistet.

Jede Rückseite nennt Ihnen zusätzlich die Namenspatrone des Tages und berühmte Geburtstagskinder.

BERLITZ® Ein HARENBERG Kalender

Желаем Вам больших

успехов и много

радости

с „Berlitz-Sprachkalender

Russisch ’93“

Impressum

Autoren: Begonnen von Barbara Šubik († 12. 12. 1991),
zu Ende geführt von Friedhelm Denninghaus
und Nina Benko
Zeichnungen: Edward Lutczyn
Lektorat: Andreas Schieberle, Henning Aubel
Satz: Text- und Repro-Service GmbH, Dortmund
Druck: Kalenderfabrik Gustav A. Wagenmann GmbH,
Lahr/Schwarzwald
ISBN: 3–611–00248–8

Übersetzung des russischen Textes auf der Vorderseite:

Wir wünschen Ihnen viel Erfolg und Freude mit dem „Berlitz-Sprachkalender Russisch ’93“

Aussprache (Umschrift mit deutschen Buchstaben):

[Zhelájem wam balschích uspjéchaf i mnóga rádasti s]